Stadtführer

Wien

KOMPASS

Bildnachweis:
Titelbild: Fiaker vor dem Schloss Schönbrunn (Wien Tourismus/Robert Osmark)
Rückseite: Sightseeing im Schlosspark (Wien Tourismus/Robert Osmark)
Riesenrad (Wien Tourismus/Daniel Zupanc)
Haas-Haus (Wien Tourismus/Claudio Alessandri)

Albertina S. 54 (Margeritha Spillutini), 58, 92/93; Beck Lukas S. 22; Direktion des Wien Museums Karlsplatz S. 74; Fotostudio Teubner, Füssen S. 94; Haus der Musik Wien S. 63; Innsbruck-Tourismus S. 98 (unten), 101; KOMPASS-Archiv S. 73; Kultur- und Betriebs GmbH Schloss Schönbrunn S. 41 (beide), 42 (beide), 45, 64 (rechts), 71; Kurdirektion Baden bei Wien S. 82; Leopold Museum S. 57, S. 67 (links); MuseumsQuartier Wien S. 35; MuseumsQuartier Wien/Popelka, MQ E+B GmbH S. 55 (oben); Österreich-Werbung S. 25 (unten), 67 (rechts); Spanische Hofreitschule S. 75; Stibernitz S. 12, 18, 19, 31, 84, 98 (oben), 104; Stift Klosterneuburg S. 83; Stockfood München S. 95; Tiergarten Schönbrunn GmbH S. 44 (oben), 72; Wien Tourismus S. 51, 62 (beide), 68 (rechts), 77, 105; Wien Tourismus/Bryan Duffy S. 87, 112; Wien Tourismus/ Claudio Alessandri S. 28, 96; Wien Tourismus/Dagmar Landova S. 33, 40, 49; Wien Tourismus/Daniel Zupanc S. 11, 46; Wien Tourismus/F 3 S. 39; Wien Tourismus/Gerhard Weinkirn S. 52; Wien Tourismus/Harald A. Jahn S. 107; Wien Tourismus/Maxum S. 47, S. 99; Wien Tourismus/Nanja Antonczyk S. 34, 55 (unten); Wien Tourismus/Peter Koller S. 15, 20, 30; Wien Tourismus/Popelka & Popelka S. 4, 81; Wien Tourismus/Popp & Hackner S. 7, 9, 26, 36, 37, 65, 80; Wien Tourismus/Reinhard Mandl S. 25 (oben), 68 (links); Wien Tourismus/Robert Osmark S. 76; Wien Tourismus/Wilfried Gredler-Oxenbauer S. 24, 44 (unten), 50, 64 (links), 100 (oben); www.donauinsel.at S. 100 (unten).

Da die Angaben eines Stadtführers in der heute so schnelllebigen Zeit fast ständig Veränderungen unterworfen sind, kann trotz sorgfältiger Bearbeitung für die Richtigkeit keine absolute Gewähr übernommen werden. Auch lehrt die Erfahrung, dass Irrtümer nie ganz zu vermeiden sind. Für Berichtigungen und Verbesserungsvorschläge ist die Redaktion daher stets dankbar. Korrekturhinweise bitte an folgende Anschrift:

KOMPASS-Karten GmbH
Kaplanstraße 2, 6063 Rum/Innsbruck, Österreich
Fax 0043/(0)512/26 55 61-8
kompass@kompass.at • www.kompass.at

Verlagsnummer 520 • ISBN 978-3-85491-479-2

INHALTSVERZEICHNIS

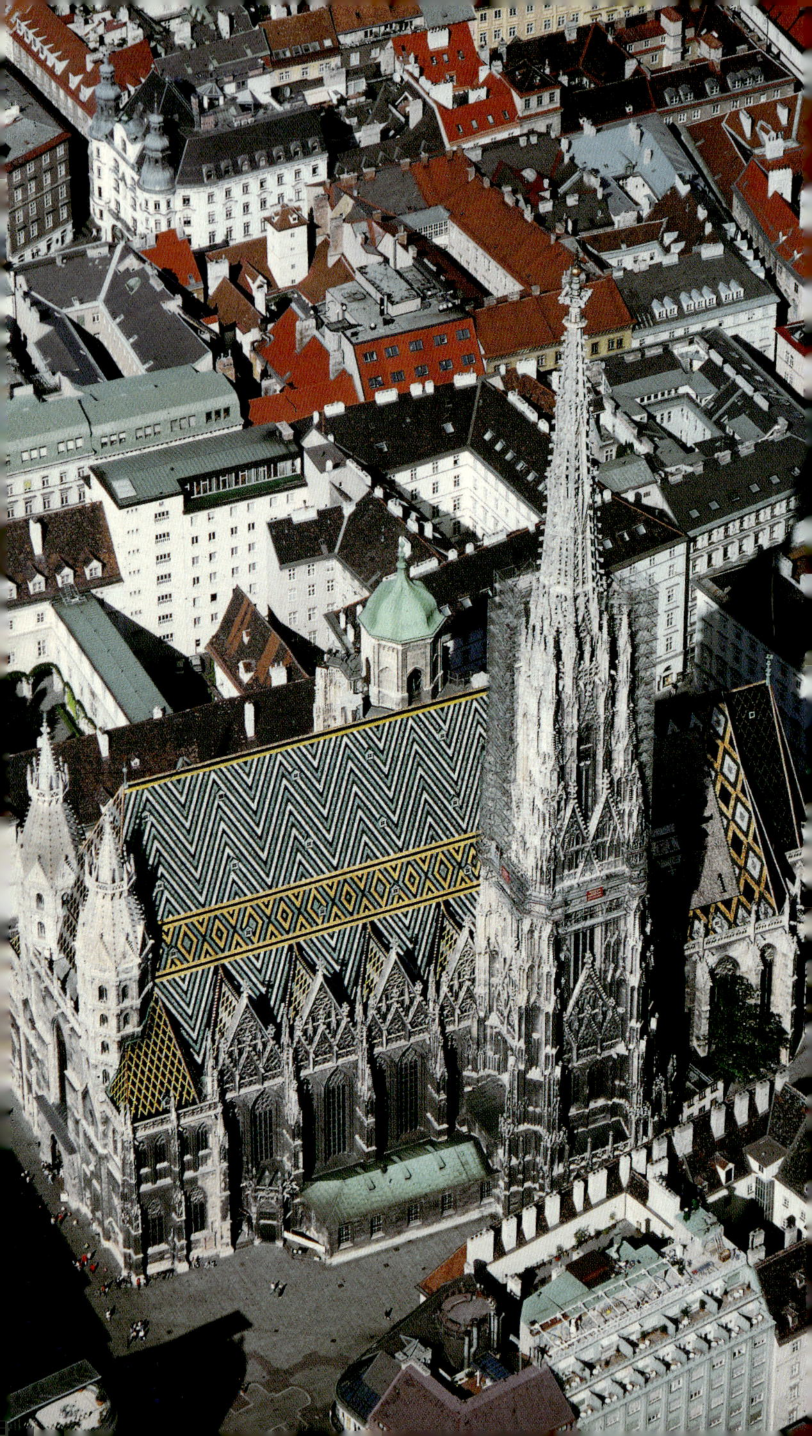

Willkommen in Wien!

Egal, was Sie nach Wien geführt hat oder führen wird – sei es der Wunsch, die österreichische Bundeshauptstadt persönlich kennenzulernen (gehört hat man ja schon einiges), sei es der Besuch einer Vorstellung in der Staatsoper oder in einem der renommierten Theater, oder sei es schlicht und einfach ein Einkaufs-Trip – dieses Bändchen in Ihren Händen soll dabei helfen, dort auch richtig zu landen, wo man hin will. Andererseits sollen viele Anregungen Sie dorthin führen, was Sie noch nie gehört haben, zu all dem Neuen und Lebendigen, was diese Stadt, die heute eine der aktivsten in Europa ist, immer wieder hervorbringt.

Wenn Ihre Zeit sehr knapp ist, sollte man einen Blick auf das Kapitel „Kennenlernen der Stadt…“ werfen. Zumindest eine von den „10 Sehenswürdigkeiten, die man nicht versäumen sollte“ müsste sich doch ausgehen. Um gleich bei diesem Kapitel zu bleiben: hier wurden – mit wenigen Ausnahmen – hauptsächlich Sehenswürdigkeiten in der Innenstadt, im 1. Bezirk, beschrieben. Wer vielleicht einen Tag Zeit hat für seinen Wien-Besuch, kann anhand der Stadtrundgänge diesen inneren Bezirk und ältesten Teil der Stadt erkunden. Die glanzvolle Zeit des Habsburger-Reiches wie auch die Prachtentfaltung in der Architektur, von Gotik und Barock zu Historismus und Jugendstil, tritt uns hier entgegen.

Andere Wien-Besucher zieht es gleich in eines der berühmten Museen. Im Kapitel „Museen“ bekommt man einen Eindruck davon, welche Fülle an Kultur- und Kunstschätzen sich in der einstigen Residenzstadt in all den Jahrhunderten angesammelt hat und gesammelt wurde. Reichtum und Vielfalt österreichischer und abendländischer Kultur kann hier auf kleinem Raum erahnt und erlebt werden.

Ist man mit Kindern unterwegs, braucht man keineswegs auf all die Kunstgenüsse zu verzichten, und verzweifelt nach Wiener Spielplätzen Ausschau halten. Man sollte sich Tipps holen im Kapitel „Das gefällt Kindern besonders“. Die Vorschläge sind genauso gut für Erwachsene, für alt und jung gleichermaßen interessant (ausgenommen die Kinderfreibäder, dort dürfen wirklich nur Kinder hinein!)

Was fehlt Ihnen jetzt noch für einen geglückten Aufenthalt in Österreichs Hauptstadt? Nützliche Hinweise, wo man sich nach den vielen Rundgängen, Spaziergängen, Besichtigungen so richtig laben kann? Oder wo man nach der geistigen Anspannung auch den Körper wieder aktiviert – in Wien gibt es eine Reihe von Sportmöglichkeiten. Wo man die Abende und Nächte verbringen kann, erfährt man im Informationsteil.

Ihr KOMPASS-Verlag

◀ *Das Herz der Stadt aus der Vogelperspektive: Der Stephansdom*

Die Hauptstadt Österreichs im Überblick

Geographie – Geologie – Klima

Die Stadt breitet sich am Westrand des Wiener Beckens aus, das von den östlichen Ausläufern der Alpen zu den Weiten der Ungarischen Tiefebene überleitet.
Die Lage an der Donau, seit Menschengedenken die wichtigste West-Ost-Verbindung Europas, und an der „Bernsteinstraße“, der durch das Wiener Becken verlaufenden Nord-Süd-Achse zwischen Ostsee und Adria, haben die Entstehung und weitere Entwicklung Wiens – vom Römerlager Vindobona zur herzoglichen und kaiserlichen Residenz der Babenberger und Habsburger – sehr begünstigt. Nach dem Ersten Weltkrieg vollzog sich der Wandel von der Metropole einer Weltmacht zur Hauptstadt eines zum Kleinstaat geschrumpften Österreich. Wien blieb das politische, wirtschaftliche, geistige und kulturelle Zentrum der Alpenrepublik.
Die Bundeshauptstadt ist Sitz des Bundespräsidenten und der Bundesregierung, des Nationalrates und des Bundesrates, weiters Sitz der obersten Gerichtshöfe und einiger Organisationen der Vereinten Nationen. 1922 wurde die Stadt Wien ein eigenes Bundesland Österreichs; seither ist der Bürgermeister von Wien gleichzeitig Landeshauptmann und der Gemeinderat bildet auch die Landesregierung, die im Sitzungssaal des Rathauses tagt.
Auf dem Globus findet man Wien bei 48° 14’ nördlicher Breite und 16° 21’ östlicher Länge. Die Seehöhe beträgt 171 m (Stephansdom), der höchste Punkt liegt auf dem Hermannskogel, 542 m, der tiefste in der Lobau, 151 m. Die Fläche von rund 415 km^2 wird rundum vom Bundesland Niederösterreich begrenzt. Die kontinuierlich gewachsene Stadt wird heute in 23 Bezirke eingeteilt:

1. Innere Stadt
2. Leopoldstadt
3. Landstraße
4. Wieden
5. Margareten
6. Mariahilf
7. Neubau
8. Josefstadt
9. Alsergrund
10. Favoriten
11. Simmering
12. Meidling
13. Hietzing
14. Penzing
15. Rudolfsheim-Fünfhaus
16. Ottakring
17. Hernals
18. Währing
19. Döbling
20. Brigittenau
21. Floridsdorf
22. Donaustadt
23. Liesing

Blick vom Leopoldsberg

Der 1. Bezirk ist die Altstadt Wiens, der alte Kern, der innerhalb der Stadtmauern lag und in dem sich die historisch wichtigen Gebäude konzentrieren. Die Bezirke 3 bis 9 sind die „Innenbezirke", die sich aus den ehemaligen Vorstädten entwickelt haben. „Außenbezirke" sind die Bezirke 10 bis 19, die aus den ehemaligen Vororten außerhalb des Gürtels hervorgegangen sind; weiters sind die Bezirke 2 und 20 bis 22 jenseits von Donaukanal bzw. Donau und der Bezirk 23 am südlichen Stadtrand hinzuzurechnen.

Jeder Bezirk hat seine charakteristischen Eigenheiten: der 3. Bezirk ist beispielsweise das Diplomatenviertel, der 1. und der 4. sind die nobelsten Gegenden, 5., 6. und 7. wurden vom aufstrebenden Bürgertum geprägt, der 8. Bezirk wurde seit jeher von Beamten als Wohngebiet bevorzugt, im 9. befinden sich viele Arztpraxen, Krankenhäuser und Sanatorien. Der 18. Bezirk, Währing, ist ein beliebtes Wohnviertel.

Mit einer Einwohnerzahl von über 1,700.000 Millionen gehört Wien heute nicht zu den ganz großen Städten – lag es doch um das Jahr 1900 mit über 2 Millionen Einwohnern noch unter den sechs größten der Welt. Aus allen Teilen der Donaumonarchie strömten damals – „Als Böhmen noch bei Österreich war" – die Menschen verschiedener Volkszugehörigkeit in die Hauptstadt, um hier zu arbeiten und zu leben. Seit dem Ersten Weltkrieg schrumpfte die Einwohnerzahl stetig, doch ist heute ein steigender Trend (Zuzug aus anderen Bundesländern, Zuwanderer seit dem Fall des Eisernen Vorhangs) bemerkbar. Die Stadt Wien muss in den nächsten zwei Jahrzehnten 120.000 Wohnungen wie auch neue Betriebsstätten schaffen. Eine weitere wichtige Aufgabe der Stadtverwaltung ist die Sanierung der Innenstadt mit ihren überalterten Altbauwohnungen. Ein ganzer Stadtteil, der Spittelberg im 7. Bezirk, wurde vorbildlich saniert.

Die Steigerung der Lebensqualität im Stadtbereich ist ein vorrangiges Ziel: Fußgängerzonen, Bau der U-Bahn und Ausbau der S-Bahnen sowie Park + Ride-System sollen den Autoverkehr einbremsen. Dabei kann Wien durchaus als „grüne“ Stadt bezeichnet werden: 50% des Stadtgebietes entfallen auf Grünflächen, 32% auf bebaute Fläche, 14% auf Verkehrsflächen und 4% auf Gewässer.

In der Bundeshauptstadt, dem größten **Wirtschaftszentrum** Österreichs, arbeitet ein Viertel aller Berufstätigen, und nahezu alle Produktionszweige sind hier vertreten (90% sind Mittel- und Kleinbetriebe). Die traditionellen Industriezweige sind auf die Verarbeitung und Veredlung von Rohstoffen ausgerichtet. Den größten Umsatz verzeichnet die Nahrungs- und Genussmittelindustrie, größte Bedeutung haben die feinmechanischen, elektromechanischen und metallverarbeitenden Betriebe. Weltruf besitzen die Porzellan- und Lederwarenerzeugung wie auch das vielfältige Kunsthandwerk. Der Tourismus floriert in der österreichischen Hauptstadt nicht zuletzt wegen ihrer kulturellen und historischen Bedeutung, viele Besucher kommen aus dem In- und Ausland.

Unbestritten zählt Wien zu den bedeutendsten **Kulturzentren** der Welt. Architektur, Malerei, Dichtkunst und vor allem die Musik fanden hier seit jeher einen vortrefflichen Boden. In keiner anderen Stadt haben vergleichbar viele bedeutende Komponisten gelebt und gewirkt, aus keiner anderen Stadt ist eine solche Fülle von Musik hervorgegangen. Hier wurde die klassische Musik durch Joseph Haydn, Wolfgang Amadeus Mozart und Ludwig van Beethoven zur Vollendung geführt (Wiener Klassik). Der „Liederfürst“ Franz Schubert war selbst ein Kind dieser Stadt. Im 19. Jahrhundert erlebte der Wiener Walzer durch Josef Lanner und die Strauß-Familie seinen Höhenflug. Komponisten wie Johannes Brahms, Anton Bruckner, Gustav Mahler, Arnold Schönberg und Alban Berg setzten die klassische Tradition bis in das 20. Jahrhundert fort. Wien besitzt erstklassige Orchester, die weltberühmten Philharmoniker, Symphoniker und noch eine Reihe weiterer Orchester und Kammermusikensembles sowie gut 20 Chöre – angeführt von den traditionsreichen Wiener Sängerknaben. An der Wiener Staatsoper gastieren Sänger und Dirigenten von internationalem Ruf.
Die schon 1365 gegründete **Universität** (Alma Mater Rudolphina) hat vor allem im medizinischen, psychologischen, physikalischen und technischen Bereich internationale Bedeutung.

Geologie

Der Großteil des Stadtgebietes liegt am westlichen Rand des Wiener Beckens, das hier einen terrassenartigen Übergang zu den Höhen des Wienerwaldes schafft. Das Wiener Becken ist eine im Tertiär etwa 5000 m tief eingebrochene Zone, die vom damals große Teile Ostösterreichs bedeckenden Meer überflutet und mit Sedimenten aufgefüllt wurde. An den Bruchflächen verläuft die Thermenlinie, entlang der mineralisierte warme Quellen (Baden, Bad Vöslau) auftreten.

Der Weinbau in Wien wurde schon zur Römerzeit gepflegt

Bruchsysteme im Untergrund – der „Leopoldsdorfer Bruch" – sind die Ursache für die – heute vielfach ausgeförderten – größten Erdöl- und Erdgasfelder Mitteleuropas im Stadtgebiet von Wien (Aderklaa, Süßenbrunn, Oberlaa, Kagran).

Nach Südwesten erstreckt sich die Stadt auf den Wienerwald, der zu den östlichen Ausläufern der Ostalpen zählt. Er gehört der Flyschzone an, welche die Kalkalpen nördlich als schmales Band begleitet. Die anschließenden Nördlichen Kalkalpen bauen Rax und Schneeberg auf. Von dort bezieht die österreichische Hauptstadt einen Großteil ihres Trinkwassers (1. Wiener Hochquellenleitung). Die Umrahmung des Wiener Beckens im Süden und Südosten ist geprägt vom Kristallin des Semmering und der Buckligen Welt, das sich bis zum Rosalien- und Leithagebirge fortsetzt.

Die Eiszeiten hatten eine indirekte Auswirkung auf den Raum Wien. Nach dem Durchbruch der Donau durch die Wiener Pforte (zwischen Kahlenberg und Bisamberg) erodierte sie die tertiären Schotter und Sande. Gleichzeitig mit den Schmelzwässern wurde der eiszeitliche Schutt hertransportiert. Durch nachfolgende Erosion wurden die Ablagerungen im Verlauf der Warm- und Kaltzeiten treppenartig ausgeschürft. Die Abfolge der Terrassenstufen kann man den aufeinanderfolgenden Eiszeiten zuordnen – die tiefst gelegene und damit jüngste ist die Praterterrasse – hier schnitt die Donau nach der letzten Kaltzeit ihre Mäander ein. Auch die Nebenflüsse und Bäche (Wien, Liesing, Alserbach, Ottakringer Bach u. a.) formten die Landschaft, bis schließlich ab der Jungsteinzeit der Mensch verändernd eingriff. Als Siedlungsgebiet wurde die Stadtterrasse bevorzugt (175 m, heute ca. 20 m über dem Donauniveau), hoch genug über dem Überschwemmungsgebiet der Donau. Rund um den alten Siedlungskern entwickelte sich die heutige innere Stadt. Auf den ansteigenden Terrassen – sie setzen sich auch nördlich der Donau fort – breitete sich die wachsende Stadt samt eingemeindeter Vororte bis zum Wienerwald aus. Die alpine Umrahmung und der tertiäre Schutt des Wiener Beckens lieferten großteils das unterschiedliche Baumaterial, das im Stadtbild überall zutage tritt. Die Römer beispielsweise nutzten den Flyschsandstein als Baumaterial. In Heiligenstadt und an der Türkenschanze wurden Sande der älteren tertiären Schichten abgebaut. Aus den Tongruben des ehemaligen pannonischen Meeres wurde der Ton für die Wienerberger Ziegeleien im Süden der Stadt gewonnen. Beim Bau einiger großer Monumentalbauten wie Votivkirche, Universität, Staatsoper und großen Teilen des Stephansdomes wurde mit Leithakalk (ältere Schichten der tertiären Ablagerungen), aus der Gegend des östlichen Niederösterreich und des Burgenlandes (Kaisersteinbruch, Römersteinbruch in St. Margarethen u. a.), gearbeitet.

Großflächig legte sich der vom Wind ausgeblasene, staubfeine Sand aus dem abgelagerten Moränenschutt des eiszeitlichen Vorfeldes, der Löss, über den Untergrund und bildet so den fruchtbaren Boden für den traditionellen Weinbau.

Klima

Durch die Lage am Ostrand des Alpenbogens und die Öffnung nach Osten zum Pannonischen Raum ist der jährliche Witterungsablauf einerseits von ozeanischen, andererseits von kontinentalen Einflüssen abhängig. Je nach Druckverteilung dominiert die Westwetterlage oder das osteuropäische Hochdruckgebiet. So herrscht in Wien insgesamt ein gemäßigtes kontinentales Klima: eher kalte Winter und heiße Sommer mit nicht allzu viel Niederschlag. Mit Frost ist von Dezember bis März zu rechnen. Im Juli und August kann die Temperatur über 30 Grad steigen. Doch dauern Hitze- und Kälteperioden nie lange an. Die Niederschläge sind gleichmäßig über das Jahr verteilt, am niederschlagärmsten ist der Herbst: beständig schönes und warmes Wetter im September fördert ebenso wie die feuchten Nebeltage die Qualität des Weines. Ein geradezu sprichwörtliches „Wiener Lüfterl“ verhindert die sonst unvermeidliche großstädtische Dunstglocke und den winterlichen Smog.

Das Riesenrad im Prater: Ein Wahrzeichen Wiens ▸

5000 vor Christus
Reste menschlicher Kultur auf dem Bisamberg, nordöstlich von Wien, festgestellt.

3500 – 1800 vor Christus (Jungsteinzeit)
Bereits **dauerhafte Besiedlung** des Wiener Raumes im Gebiet des heutigen Schönbrunn, Leopoldau, Aspern. Indogermanen aus Norddeutschland besiedeln dann die westlichen Randberge und die steil zur Donau abfallende Terrasse (Bereich Hoher Markt, 1. Bezirk).

Um 400 vor Christus (Jüngere Eisenzeit, La-Tène-Zeit)
Kelten aus Ostfrankreich und vom Mittelrhein ziehen in den Raum Wien, auf der Stadtterrasse über der Donau (heute Bereich Hoher Markt) **Keltensiedlung „Vindobona“** – Name entweder vom Stamm der Viniden oder vom keltischen Wort „Vedunia“ (= Waldbach) für den Wien-Fluss.

15 vor Christus
Unter Kaiser Augustus besetzen die **Römer** den Ostalpenraum bis an die Donau.

14 – 37 nach Christus
Unter Kaiser Tiberius entsteht östlich von Wien Carnuntum: das älteste und stärkste Militärlager der Römer in Österreich und Hauptstadt Pannoniens.

41 – 54 nach Christus
Unter Kaiser Claudius wird der Limes (= Grenzwall) entlang der Donau errichtet. **Römisches Lager Vindobona** für militärische Hilfstruppen (im heutigen 3. Bezirk).

115 nach Christus
Unter Kaiser Trajan wird die X. Legion im befestigten Lager Vindobona stationiert (heute Bereich Hoher Markt).
Anstelle der Keltenstadt Vedunia römerzeitliche Zivilstadt mit ca. 20.000 Einwohnern (Gebiet südöstlich des heutigen Belvedere).

167 – 180
In den Kriegen gegen die germanischen Markomannen verteidigt **Kai-**

Römische Ausgrabungen am Michaelerplatz

ser Marc Aurel das Wiener Becken erfolgreich. Marc Aurel stirbt um 180 in Vindobona.

213

Vindobona erhält **römisches Stadtrecht.**

395

Nach der Zerstörung Carnuntums durch die Quaden wird **Vindobona militärisches und wirtschaftliches Zentrum des Donauraumes,** Stationierung der römischen Donauflotte.

400 – 433

Vindobona wird von durchziehenden Westgoten zerstört, aber wieder besiedelt. Die Hunnen nehmen Pannonien ein – die Römer ziehen endgültig ab.

500 – 700

Bajuwaren, verschiedene Germanenstämme aus Böhmen, wandern in den Voralpenraum ein und dringen allmählich zum Wienerwald vor.

788

Karl der Große setzt den Bayernherzog Tassilo III. ab. Nach dem Sieg über die Awaren gründet er die Pannonische (Karolingische) Mark, Grafensitz ist Tulln.

881

Erste schriftliche Erwähnung Wiens – „ad weniam" – in den Salzburger Annalen.

907

Die Ostmark zerfällt nach Niederlage der Bayern gegen die Magyaren (= Ungarn) bei Preßburg – Wien bis 991 unter ungarischer Herrschaft. Der ungarische Name für Wien, „Becs" (das bedeutet Stadt am Steilrand), wird auch heute noch verwendet.

955

Kaiser Otto I. schlägt die Magyaren in der entscheidenden Schlacht auf dem Lechfeld.

976

Babenberger Liutpold erster Markgraf der Ostmark, des „Ostlandes" (ab 996 Ostarrichi).

991

Wieder Ausdehnung der Ostmark bis in das Wiener Becken, um 1039 bis an March und Leitha. Residenz neuerlich Tulln.

996

Ostarrichi (= Ostreich, Österreich) urkundlich belegt.

1030

Wien nach verlorener Schlacht vorübergehend von Ungarn erobert. Bairische Grenzfeste „Wiennis" schriftlich genannt.

1095 – 1136

Unter **Markgraf Leopold III. den Heiligen** (1485 heiliggesprochen) Entwicklung Wiens zur landesfürstlichen Stadt und zum wichtigen Hafenplatz. 1106 Verlegung der Residenz von Tulln auf den Leopoldsberg im Norden Wiens. Stift Klosterneuburg am Fuß der Residenz um 1107 gegründet.

1147

Weihe der außerhalb der Stadtmauer gegründeten **Pfarrkirche St. Stephan** durch Bischof Reginbert von Passau.

1155 – 1158

Heinrich II. Jasomirgott verlegt Regierungssitz der Babenberger nach Wien. Er gründet die Pfalz „Am Hof" und 1158 das Schottenstift.

1198 – 1230

Unter Leopold VI., den Glorreichen, Aufblühen der Stadt durch Orienthandel über Venedig, durch den Weinbau und als Umschlagplatz für flandrische Tuche, Salz, Edelmetalle – daher Umbau zur **Handelsstadt** (rechteckige Plätze wie Neuer Markt, Judenplatz) und Erweiterung

des Stadtgebietes nach Süden. Kirchlich gehört Wien noch zum Bistum Passau.
Verlegung des Herzoghofes in das Gebiet der heutigen Stallburg. Förderung höfischer Dichtkunst (Minnesänger Walther von der Vogelweide, Ulrich von Liechtenstein, Neidhart von Reuenthal).

1221

Verleihung des **Stadt- und Stapelrechtes.**

1237 – 1239

Während des Konfliktes zwischen Herzog Friedrich II. und dem deutschen Kaiser wird Wien „Freie Reichsstadt" (Privilegien!), danach von Babenbergern zurückerobert.

1246

Herzog Friedrich II. fällt in der Schlacht an der Leitha gegen die Ungarn – mit ihm stirbt das Geschlecht der Babenberger aus. Wien erhält vorübergehend Reichsfreiheit.

1246 – 1276

Nach Streit um die Regentschaft übernimmt der **Böhmenkönig Ottokar II. Premysl** 1250 die österreichischen Länder. Er veranlasst 1262 den Wiederaufbau der Stadt nach Brandkatastrophe. Baubeginn der Hofburg und der neuen Stadtmauer, vierte Stadterweiterung. Ottokar II. verweigert dem neugewählten deutschen König Rudolf von Habsburg als Lehnsherrn die Herausgabe der besetzten Gebiete. Rudolf belagert wochenlang Wien, das auf der Seite Ottokars steht. Vorläufiger Friedensschluss.

1278

Im neuerlichen Krieg fällt Ottokar auf dem Marchfeld.
Mit der Regentschaft von **Rudolf I.** über Österreich beginnt die 640 Jahre dauernde Herrschaft des Hauses Habsburg (bis 1918). Rudolf erneuert die Reichsfreiheit.

1282

Rudolf belehnt seine Söhne mit Österreich und der Steiermark und begründet so die Hausmacht der Habsburger. Wiens erster Bürgermeister ist Konrad Poll.

1350

Erste **Pestepidemie** rafft ein Drittel der Bevölkerung weg.

1358 – 1365

Unter **Rudolf IV. dem Stifter** befindet sich Wien im Wettstreit mit dem Prag von Karl IV. – kulturelle und wirtschaftliche Entwicklung Wiens. Aufhebung des Zunftzwanges. Um Geld für Bauvorhaben zu beschaffen, wurden die Grund-, Hausbesitz- und Getränkesteuer eingeführt.

1365

Gründung der **Universität** Wien durch Herzog Rudolf IV. – nach Prag die zweitälteste des deutschen Sprachraumes.

1421

Große **Judenverfolgung,** Zerstörung des Ghettos (Viertel um den Judenplatz).

1438

Der österreichische Herzog Albrecht V. wird als **Albrecht II. römisch-deutscher König** und Wien damit Residenzstadt des Hl. Römischen Reiches Deutscher Nation.

1469

Gründung des Bistums Wien.

1485 – 1490

Der ungarische König Matthias Corvinus besetzt Wien. Nach dessen Tod zieht

1490

Maximilian I. (Sohn von Kaiser Friedrich III.) in Wien ein.

1493 – 1519

Maximilian wird nach dem Tod seines Vaters römisch-deutscher Kaiser und Erzherzog von Österreich. Blüte des Humanismus; am kaiserlichen Hof werden Kunst, Wissenschaft, Musik gefördert. Gründung der Hofmusikkapelle (Vorläufer der Sängerknaben).

1525

Feuersbrunst vernichtet etwa 40% der Häuser der Stadt.

1529

Die **Türken** unter Sultan Suleiman II. belagern Wien – Wiener unter Heerführer Graf Niklas Salm – zum ersten Mal. Das kalte Oktoberwetter vertreibt die Türken nach drei Wochen. Folge dieser Belagerung: rascher Ausbau der bis dahin schwachen Befestigung Wiens mit weitem Vorfeld (Glacis).

1541

Ein Drittel der Bevölkerung fällt einer neuerlichen **Pestepidemie** zum Opfer.

1551

Jesuiten nach Wien berufen – großer Einfluss im Schul- und Universitätswesen und in der **1576** einsetzenden **Gegenreformation,** die von hier ausgeht und deren Hauptvertreter Kardinal Melchior Khlesl ist (ab 1598 Erzbischof von Wien, 1611-1618 Kanzler des Kaisers).

Rudolf II. verlegt seine kaiserliche Residenz nach Prag.

1618 – 1648

Im Dreißigjährigen Krieg scheitern 1619 böhmische Protestanten und 1645 schwedische Truppen an der Befestigung Wiens.

1666

Ein Jahr lang dauern die Hochzeitsfeierlichkeiten von Leopold I. mit der spanischen Infantin Margareta Theresia.

1679

Pestepidemie fordert wieder 30.000 Tote. Sage vom lieben Augustin entsteht.

1683

2. Türkenbelagerung unter Großwesir Kara Mustafa (14. 7. bis 12.9.). Die Wiener unter Graf Starhemberg werden von einem 80.000 Mann starken Entsatzheer unter Polenkönig Sobieski und Herzog Karl von Lothringen befreit – die Entscheidungsschlacht am 12. Sep-

Fiaker vor der Hofburg

tember findet im Gebiet des heutigen Türkenschanzparks (19. Bezirk) statt. Einige von den Türken zurückgelassene Säcke Kaffee führen dazu, dass das erste Wiener Kaffeehaus eröffnet wird.

1683 – 1736

Der siegreiche Feldherr **Prinz Eugen von Savoyen,** der „edle Ritter", gibt der Hauptstadt des Reiches den Glanz eines „Vienna gloriosa" zurück.

1685

Erste Wiener Berufsfeuerwehr gegründet (Am Hof).

1685 – 1780

Hochblüte der barocken Architektur, Plastik und Malerei in Wien. Rege Bautätigkeit (Schlösser, Kirchen, Palais) unter Leopold I., Joseph I., Karl VI. und Maria Theresia.
Berühmte Baumeister sind Johann Bernhard Fischer von Erlach, sein Sohn Joseph Emanuel Fischer von Erlach und Lukas von Hildebrandt. Unter den Bildhauern sind Georg Raphael Donner, Balthasar Ferdinand Moll und Franz Xaver Messerschmidt zu nennen, unter den Malern vor allem Johann Michael Rottmayr, Daniel Gran und Franz Anton Maulbertsch. Christoph Willibald Gluck, Joseph Haydn und Wolfgang Amadeus Mozart waren die Musiker und Komponisten jener Zeit.

1722

Wien wird Erzbischofssitz.

1740 – 1780

Unter **Maria Theresia** Zentralisierung der Staatsverwaltung in Wien (Weltstadt). Fortschritte auf dem Bildungssektor: die erste Volksschule sowie eine Spinn- und Webschule werden eröffnet.
1752 Eröffnung des Schönbrunner Tiergartens, der ältesten Menagerie der Welt.

1754

Erste Volkszählung in Wien: rund 175.000 Zivilpersonen innerhalb des Linienwalls.

1766

Übergabe des Praters an die Allgemeinheit durch Joseph II. (seit 1765 Mitregent).

1780 – 1790

Joseph II., der älteste Sohn von Maria Theresia und Kaiser Franz I. von Lothringen, setzt die Herrscherlinie Habsburg-Lothringen fort, jedoch nicht die pompöse Hofhaltung seiner Mutter. Seine Regierungszeit wird von zahlreichen Reformen, die teilweise bis heute bestehen, geprägt.

1782

Papst Pius VI. in Wien.

1805

Besetzung Wiens durch die Franzosen.

1806

Franz II. muss unter dem Druck Napoleons die römisch-deutsche Kaiserkrone niederlegen, er bleibt als **Franz I.** Kaiser von Österreich, der er seit 1804 ist.

1809

2. Besetzung Wiens durch französische Truppen – **Napoleon** in Schloss Schönbrunn.

1812

Wien zählt 33 Vorstädte und rund 240.000 Einwohner. Krieg und Besatzung führen zum Staatsbankrott.

1814 – 1815

Wiener Kongreß unter Vorsitz des Staatskanzlers Fürst Klemens Metternich – die Ordnung Europas soll nach der Abdankung und Verbannung Napoleons wieder hergestellt werden.

1815 – 1848

Die Zeit des Vormärz mit ihrem Polizeispitzelwesen unter **Kanzler Met-**

ternich unterdrückt jede freiheitliche Regung. So entfaltet sich die Stilrichtung jener Zeit, das **Biedermeier,** vornehmlich im häuslichen Bereich. Biedermeierliche Kunst findet man im Mobiliar, Porzellan etc. Hausmusik wird gepflegt. Wiens Bevölkerung unterhält sich am liebsten im Theater (Volksstücke von Ferdinand Raimund und Johann Nestroy) und bei der Walzermusik von Josef Lanner und der Strauß-Dynastie.

1848

März-Revolution – das Regime Metternich wird zum Rücktritt gezwungen. Im Dezember dankt Ferdinand I. ab, sein Neffe **Franz Joseph I.** folgt ihm.

1850 – 1873

„Gründerzeit" – zahlreiche Firmen entstehen, in den Vororten werden die stillosen Mietshäuser („Zinskasernen") erbaut. Eingemeindung der Vorstädte bis zum Linienwall: die Stadt wird um 8 Bezirke erweitert (II.-IX. Bezirk).
Mit der Schleifung der Basteien (1857-1864) entsteht Platz für den Bau der Ringstraße.

1873

Weltausstellung auf dem heutigen Messegelände. Börsenkrach.

1890

Schleifung des Linienwalls, die Vororte (heute XI. bis XIX. Bezirk) werden eingemeindet und eine breite Straße, der Gürtel, entsteht.

1897 – 1910

Unter Bürgermeister Dr. Karl Lueger (christlich-soziale Partei) beginnt der Ausbau Wiens zur modernen Großstadt des 20. Jahrhunderts.

1916

Franz Joseph I. stirbt im Schloss Schönbrunn, sein Großneffe wird als Karl I. sein Nachfolger.

1918

Nach dem Zerfall der Doppelmonarchie am Ende des Ersten Weltkrieges wird die Republik ausgerufen, Wien wird Bundeshauptstadt.

1922

Wien wird ein Bundesland Österreichs, der Gemeinderat ist gleichzeitig Wiener Landtag.

1923 – 1933

Im „Roten Wien" (Mehrheit der Sozialdemokratischen Partei) werden Wohnbau und Sozialreformen forciert – Bau von 60.000 Arbeiterwohnungen, u. a. der Karl-Marx-Hof.

1934

Am 25. Juli wird Bundeskanzler Engelbert Dollfuß von nationalsozialistischen Putschisten im Bundeskanzleramt ermordet.

1938

Deutsche Truppen erreichen die Bundeshauptstadt. **Wien wird „Reichsgau"** mit 26 Bezirken. 97 niederösterreichische Gemeinden werden eingegliedert.

1939 – 1945

Während des **Zweiten Weltkriegs** schwere Schäden durch Luftangriffe und Kampfhandlungen: etwa 11.000 Wiener verlieren ihr Leben, 35.000 werden obdachlos, 21.000 Hauser werden zerstört, kurz vor Kriegsende wird die Staatsoper bombardiert und der Stephansdom geht in Flammen auf.

1945

Die sowjetische Rote Armee besetzt Wien. Einteilung der Stadt in **4 Besatzungszonen** (UdSSR, USA, Großbritannien, Frankreich).
Ausrufung der 2. Republik in Wien und unter Bürgermeister Theodor Körner Beginn des Wiederaufbaus.

1954

80 Gemeinden werden wieder nie-

derösterreichisch, bei Wien bleiben nur der XXII. und XXIII. Bezirk.

1955

Am 15. Mai Unterzeichnung des **Österreichischen Staatsvertrages** mit den Besatzungsmächten im Schloss Belvedere: Abzug der Besatzer, Österreich erhält seine volle Souveränität zurück, Verfassungsgesetz der immerwährenden Neutralität im Parlament beschlossen.

1956

Wien wird Sitz der Internationalen Atomenergiebehörde.

1961

Treffen von John F. Kennedy und Nikita Chruschtschow am 3./4. Juni in Wien.

1967

Wien wird Sitz der Organisation für industrielle Entwicklung der Vereinten Nationen (UNIDO).

1969

Baubeginn der U-Bahn.

1979

Eröffnung der UNO-City. US-Präsident Carter trifft den Vorsitzenden des Obersten Sowjets der UdSSR, Breschnew, in Wien.

1983

Papst Johannes Paul II. ist anlässlich des Österreichischen Katholikentages in Wien.

1987

Eröffnung des Konferenzzentrums „Austria Center Vienna“ im Donaupark. Die Donauinsel wird Wiens neues Freizeit- und Erholungsgebiet.

1989

Die Bevölkerung nimmt großen Anteil am Begräbnis der 96-jährig verstorbenen Zita von Habsburg, der letzten Kaiserin von Österreich; Beisetzung in der Kaisergruft.

1992

Brand in der Hofburg, die Redoutensäle werden zerstört.

1997

Wiedereröffnung der renovierten Redoutensäle.

2001

Im Juni wird das MuseumsQuartier Wien eröffnet.

UNO-City

Lebensfroher Wohnstil: Gemeindebau von Friedensreich Hundertwasser ▶

Kennenlernen der Stadt Wien

SEHENSWÜRDIGKEITEN VON A BIS Z

Die Buchstaben-Zahlenkombination verweist auf die Lage im Stadtplan (Einbandklappe)

Akademie der bildenden Künste

siehe Museen

Akademie der Wissenschaften (Alte Universität) D 2/3

Den Stil französischer Rokokopaläste hat Jean Nicolas Jadot de Villelssey für den Bau verwendet, den er 1753-1755 im Auftrag von Kaiser Franz I. ausführte. Die Deckengemälde im Festsaal, „Allegorien der 4 Fakultäten“ von Gregorio Guglielmi (1755), erinnern an die Zeit als Universitätsgebäude (bis 1848). Das Deckengemälde im ehemaligen Theologiesaal, „Taufe Christi“, stammt von Franz Anton Maulbertsch. 1857 wurde in diesem Haus die Akademie der Wissenschaften gegründet.

1., Dr.-Ignaz-Seipel-Platz 2

Mahnmal für die Opfer von Krieg und Faschismus von Alfred Hrdlicka

Albertina *siehe Museen*

Albertinaplatz C 3

Den Platz begrenzt die Albrechtsrampe, ein Rest der 1858 abgebrochenen Augustinerbastei (Stadtbefestigung), die das **Reiterdenkmal von Erzherzog Albrecht,** Sieger in der Schlacht von Custozza 1866, krönt. Die Figuren am **Danubius-Brunnen** (1869) darunter allegorisieren die Donau und ihre Nebenflüsse.

An die jüngere Geschichte erinnert das **Mahnmal für die Opfer von Krieg und Faschismus** von Alfred Hrdlicka (1988).

1. Bezirk

Altes Rathaus C 2

Das Rathaus befand sich vom 13. Jh. bis 1883 in diesem Gebäude. Herzog Friedrich der Schöne hatte es als Besitz der reichen Familie Haymo beschlagnahmt und der Stadt geschenkt. Nach Erweiterungen wurde die Fassade um 1700 barock umgestaltet, die Portale schuf später Johann Martin Fischer. Die nur bei Veranstaltungen zugänglichen Ratssäle zieren prachtvolle Stuckdecken. Im Hof steht der **Andromeda-Brunnen** von Raphael Donner (1740/41).

Im Gebäude ist das **Dokumentationsarchiv des Österreichischen Widerstandes** *(siehe Museen)* eingerichtet.

1., Wipplingerstraße 8

Das dürfen Sie nicht versäumen!

★ Den **Stephansdom,** ein Meisterwerk der Romanik und Gotik und seit Jahrhunderten das Wahrzeichen Wiens; vom 137 m hohen Südturm („Steffl“) gute Aussicht über die Dächer und Türme der Stadt.

★ Den **Prater,** dieses ausgedehnte Erholungsgebiet nahe dem Stadtzentrum. Eine Fahrt mit dem **Riesenrad** und der Vergnügungspark haben besonders bei Nacht ihren Reiz.

★ Das **Kunsthistorische Museum** und seine umfassende **Gemäldegalerie** besitzen Weltruf.

★ Die großartige Anlage der barocken **Belvedere Schlösser;** die in den Prunkräumen eingerichteten Museen schaffen einen hervorragenden Überblick über die österreichische Malerei und Plastik vom Mittelalter bis zur Gegenwart.

★ Die weltliche und geistliche **Schatzkammer** in der Hofburg mit ihrer beeindruckenden Sammlung von Herrschaftsinsignien.

★ Die prachtvolle **Karlskirche,** ein Juwel barocker Baukunst in ganz Europa.

★ Ein Tag in **Schönbrunn:** die Schauräume im barocken Kaiserschloss, die ausgedehnte Parkanlage, bekrönt von der Gloriette, der älteste (1752 gegründet) Tiergarten der Welt und das Palmenhaus.

★ Ein Besuch in einem **Wiener Kaffeehaus** – Auswahl gibt es genug!

★ Der Wiener **Naschmarkt** und – nur an Samstagen – der anschließende Flohmarkt.

★ Die herrliche Aussicht vom **Kahlenberg:** wer nicht selbst zu Fuß hinauf steigen möchte, kann über die Wiener Höhenstraße hinauffahren.

Am Hof C 2

In der Mitte des größten Platzes der Innenstadt steht die **Mariensäule** (1664-1667) – sie erinnert an die Bedrohung durch schwedische Truppen im Dreißigjährigen Krieg. Wo heute das Gebäude der „Länderbank“ steht, gründete Heinrich Jasomirgott die Residenz der Babenberger, der Herzöge von Österreich (von 1150 bis 1220), davor lag der älteste Turnierplatz Wiens. Ungewöhnlich an der **Kirche „Zu den Neun Chören der Engel“** ist die Terrasse an der schönen Barockfassade aus dem 17. Jh. Von dieser spendete Papst Pius VI. anlässlich seines Besuches am Ostersonntag 1782 den Segen. Links schließt das barocke **Palais Collalto** (Nr. 13), von Lukas von Hildebrandt, an die Kirche an. Barocke Gebäude sind auch das Märkleinsche Haus (Nr. 7) mit dem **Wiener Feuerwehrmuseum** und das Urbanihaus (Nr. 12), das Haus Nr. 8 ist eines der ältesten Häuser der Stadt (16. Jh.). Den hinteren Abschluss des Platzes bildet die Barockfassade des ehemaligen **Bürgerlichen Zeughauses** (heute Feuerwehrzentrale); im Haus daneben (Nr. 9) sind römische Ausgrabungen zu sehen.

1. Bezirk

Annakirche C 3

Die ursprünglich gotische Kirche in

der Annagasse wurde von den Jesuiten um 1715 barockisiert. Daniel Gran malte die Deckengemälde und das Hochaltarbild (um 1717). Eine holzgeschnitzte Gruppe „Anna selbdritt“ wird dem Nürnberger Meister Veit Stoß zugeschrieben (um 1505). Die kostbarste Reliquie der Kirche ist eine Hand der hl. Anna, die am 26. Juli, dem Festtag der Heiligen, ausgestellt wird.

1., Annagasse

Augarten

Auf dem ehemaligen Überschwemmungsgebiet der Donau wurde Ende des 17. Jahrhunderts ein kaiserlicher Lustgarten angelegt, dem 1712 der Gartenarchitekt Jean Trehet französisches Gepräge verlieh. Joseph II. machte den Park der Öffentlichkeit zugänglich – als einen „allen Menschen gewidmeten Erlustigungsort“.

Die Wiener Sängerknaben

Die Tradition des weltberühmten Chors mit den glockenhellen Knabenstimmen reicht in das Jahr 1498 zurück, als Kaiser Maximilian I. die Hofmusikkapelle gründete. Die Ausbildung und Erziehung der 16 bis 20 „Kapellenknaben“ wurde aus der kaiserlichen Schatulle bestritten. Berühmte Mitglieder der Sängerknaben waren Joseph Haydn und sein Bruder Michael sowie Franz Schubert. 1924 wurde der Chor „Wiener Sängerknaben“ neu gegründet, ein Verein erhält diese alte Wiener Institution am Leben. Die Knaben werden im Volksschulalter aufgenommen, sie wohnen im Internat im Augartenpalais und besuchen eine öffentliche Schule. Nach dem Stimmbruch können die Knaben bis zum Schulabschluss bleiben und ins „Mutantenheim“ im Josephsstöckl übersiedeln. Das Repertoire des erstklassigen Knabenchores reicht von alten Madrigalen des Mittelalters bis zu kniffligen, zeitgenössischen Vokalwerken. Vorrangige Aufgabe der Sängerknaben, die mittlerweile aus vier Chören (je 22 bis 24 Knaben) bestehen, ist der Auftritt bei den Gottesdiensten an Sonntagen um 9.15 Uhr (außer Juli – Mitte September) in der Hofburgkapelle. Hinzu kommen zahlreiche Engagements im Konzertsaal, in der Oper und CD-Aufnahmen. Einer der vier Chöre ist meist auf Konzertreise, auf einer der vielen Tourneen rund um die Welt – als musikalische Botschafter Österreichs.

Kartenbestellungen unter der Telefonnummer 5339927-75!

Den **„Gartensaal“** ließ Kaiser Joseph I. 1704-1706 anstelle des 1683 von den Türken zerstörten Gartenpalais erbauen. Ab 1782 fanden hier die „Morgenkonzerte“ von Joseph II. unter Mozart, später Beethoven, statt. Heute befindet sich im **Schloss Augarten** die Manufaktur des berühmten Porzellans. Das **Augartenpalais** ist seit 1948 Internatsschule der Wiener Sängerknaben. Es entstand am Ende des 17. Jh. im barocken Stil des Johann Bernhard Fischer von Erlach. Joseph II. kaufte es, ließ aber für sich persönlich das **„Josephsstöckl“** als Wohnsitz erbauen.

2., Obere Augartenstraße 2-3

Augustinerkirche C 3

Der hohe gotische Hallenbau der Ordenskirche (1330-1339) wurde, nach barocken Veränderungen, unter Kaiser Joseph II. regotisiert. In dieser der Hofburg benachbarten Kirche fanden die Thronfeiern und Hoftrauungen statt: die Hochzeit von Erzherzogin Maria Louise mit Napoleon (der sich vertreten ließ), von Kaiser Franz Joseph mit Elisabeth von Bayern und von Kronprinz Rudolph mit Stephanie von Belgien. Ein Hauptwerk der klassizistischen Plastik ist das Grabdenkmal für Erzherzogin Marie Christine (Lieblingstochter Maria Theresias) von Antonio Canova (1805). Die **Herzgruft** („Herzgrüftelkammer“) ist ein eher makabrer Ort: in silbernen Urnen werden 54 Herzen der Habsburger aufbewahrt (in der Kapuzinergruft befinden sich die Leichname und im Stephansdom die Eingeweide).

1., Augustinerstraße 3
Öffnungszeiten: Führungen nach Voranmeldung Tel. 5337099

Ballhausplatz B 3

Der Name bezieht sich auf ein ehemaliges „Ballhaus“ gegenüber der Geheimen Hofkanzlei, in dem Mitte des 18. Jh. eine Art Hallentennis gespielt wurde. Der Name Ballhausplatz ist untrennbar mit 250 Jahren österreichischer Politik verknüpft, die in der Geheimen Hofkanzlei, dem heutigen **Bundeskanzleramt** (Sitz der Bundesregierung und des Außenministeriums), „gebraut“ wurde. Das Gebäude wurde 1717-1719 nach Plänen von Lukas von Hildebrandt erbaut und 1766 durch Nikolaus Pacassi erweitert.

1. Bezirk

★ Belvedere D 5

Für den Prinzen Eugen von Savoyen, den siegreichen österreichischen Feldherrn unter drei Kaisern, schuf Lukas von Hildebrandt hier innerhalb von 10 Jahren sein bedeutendstes Werk, nämlich eine der größten Schlossanlagen des europäischen Barock. 1714-1716 entstand die Sommerresidenz des Prinzen, das Untere Belvedere, dessen eher schlichtes Äußeres durch die Prachtentfaltung im Inneren wettgemacht wird (Marmorsaal, Marmorgalerie, Gartenzimmer).
Als Krönung des Ganzen ließ Lukas von Hildebrandt auf der Hügelkuppe ein Lustschloss, der Repräsentation und festlichen Veranstaltungen dienend, erstehen.
Die wunderbare Aussicht vom oberen Schloss führte später zur Namengebung: Belvedere, gleichbedeutend mit „schöne Aussicht“.
Der 1717 im französischen Stil angelegte und in Terrassen sanft ansteigende, symmetrische Park

Blick über die Parkanlage zum Oberen Belvedere

überbrückt die Distanz von 1 km zwischen den Schlössern. Das Untere Belvedere beherbergt seit 1923 das **Österreichische Barockmuseum** und das **Museum mittelalterlicher Kunst.**
Das Obere Belvedere beherbergt die **Österreichische Galerie,** das heißt österreichische und internationale Kunst des 19. und 20. Jahrhunderts *(siehe Museen).*

Oberes Belvedere: 3., Prinz-Eugen-Straße 27
Unteres Belvedere: 3., Rennweg 6
Öffnungszeiten: Täglich, außer Montag, 10-18 Uhr; Tel. 79557-0

Ehem. **Böhmische Hofkanzlei** C 2

Johann Bernhard Fischer von Erlach gelang mit diesem Gebäude eine Symbiose von französischem und italienischem Hochbarock (1710-1714). Im Krieg schwer beschädigt, folgte 1946-1951 der Wiederaufbau, bei dem die Fußgängerpassage zur Wipplingerstraße entstand. Heute ist hier der Sitz des Verfassungs- und Verwaltungsgerichtshofes.

1., Wipplingerstraße 7

Börse C 1

Theophil van Hansen war der Architekt des klassizistischen Renaissancebaues (1874-1877) für die bereits 1771 nach Pariser Vorbild gegründete Börse. Nach der Zerstörung des großen Börsensaales, durch einen Brand im Jahr 1956, besteht zwar noch die herrliche Fassade, das Innere und der Hof aber wurden modern umgestaltet.

1., Schottenring 16

Botanischer Garten

Ein 1754 für medizinische Zwecke angelegter Kräutergarten Maria Theresias war der Vorläufer des botanischen Gartens, den sie 1757 der Universität schenkte. Als Abteilung des Botanischen Instituts der Universität Wien sind hier vor allem

Sukkulentenpflanzen, Orchideenzüchtungen und eine Sammlung australischer Pflanzen sehenswert. Südlich schließt noch der Alpengarten an.

3., Mechelgasse 2/Prätoriusgasse
Öffnungszeiten: Täglich 9 Uhr bis Einbruch der Dunkelheit; Tel. 4277-54100

Burggarten BC 3

Auf dem Platz der im Jahr 1809 von Napoleon gesprengten Burgbastei ließ Kaiser Franz I. einen kleinen Park – jetzt zwischen Burgring und dem Flügel der Neuen Hofburg – anlegen. In dem vorerst der kaiserlichen Familie vorbehaltenen Garten – erst seit 1919 öffentlich zugänglich – stehen die **Denkmäler Abraham a Santa Clara** (1644-1709, Prediger im Wien der 2. Türkenbelagerung), **Kaiser Franz I.** (ältestes Reiterstandbild Wiens von Balthasar Moll, 1781), **Wolfgang Amadeus Mozart** (Marmorstandbild von Viktor Tilgner) und **Kaiser Franz Joseph I.** (Bronzestandbild).

1., Opernring

Mozartdenkmal

Burgtheater B 2

Die traditionsreichste deutsche Sprechbühne erhielt in dem 1874-1888 von Karl von Hasenauer und Gottfried Semper erbauten Haus an der Ringstraße einen entsprechenden Rahmen. Die klassizistische

Das Burgtheater prägt das deutschsprachige Bühnengeschehen

Renaissance-Fassade wird durch Reliefs, den „Bacchuszug" von Rudolf Weyr und die Büsten berühmter Dramatiker von Viktor Tilgner und Karl Kundmann, gegliedert. Im Stil des französischen Barock präsentieren sich die Innenräume. Fresken von Gustav und Ernst Klimt sowie von Franz Matsch schmücken die Treppenhäuser. Nach teilweiser Zerstörung im 2. Weltkrieg fand am 15. Oktober 1955 die glanzvolle Wiedereröffnung mit Franz Grillparzers Drama „König Ottokars Glück und Ende" statt.

1., Dr.-Karl-Lueger-Ring 2

Deutschordenskirche D 3

Der im 14. Jahrhundert nach Wien berufene Deutsche Orden gründete ein Ordenshaus, in welches die Kirche eingebaut wurde. Die jetzige Gestalt erhielt sie durch Anton Erhard Martinelli (1720-1725).
In vier Sälen wird die **Schatzkammer des Deutschen Ordens,** darunter die Kunstkammer von Erzherzog Maximilian III., ausgestellt.

1., Singerstraße 7
Öffnungszeiten: Mo, Do, Sa 10-12,
Mi, Fr, Sa 15-17 Uhr
Tel. 5121065

Dominikanerkirche D 2/3

Seit der Erhebung zur „Basilika minor" im Jahr 1927 trägt sie den Namen „Rosenkranzbasilika ad S. Maria Rotundam". Das heutige Gotteshaus von 1631/32 – das dritte nach einem erstmals 1237 geweihten – ist eine der bedeutendsten frühbarocken Kirchen der Stadt. Sehenswert sind die Fresken von Matthias Rauchmiller im Hauptschiff (17. Jh.), die Kuppelfresken von Franz Geyling (1836) und das Hochaltarbild „Maria als Königin des Rosenkranzes" von Leopold Kupelwieser (1839, zur Einsetzung des Rosenkranzfestes durch Papst Gregor XIII.)

1., Postgasse 4

Donaupark

Der zweitgrößte Park der Stadt wurde 1964 anlässlich der Wiener Internationalen Gartenausstellung (WIG) angelegt. Hier bietet das höchste Bauwerk Wiens, der 252 m hohe **Donauturm,** einen

Donauturm

herrlichen Panoramablick auf die nähere und weitere Umgebung, und man kann diesen in einem Café-Restaurant, das sich in 170 m Höhe langsam um die Achse dreht, genießen.

22. Bezirk, Donauturmstraße 4
Öffnungszeiten: Täglich 10-24 Uhr
Aussichtsturm mit Restaurant
telefonische Tischbestellung 2633572

Dorotheum C 3

1787 übersiedelte das „Versatz- und Fragamt" (1707 gegründet) in das unter Joseph II. aufgelassene Dorotheerkloster – daher der Name Dorotheum (im Volksmund „Tante Dorothee" oder „s'Pfandl").
Das jetzige Gebäude von 1898-1901, nach Plänen von Emil von Förster im neobarocken Stil erbaut, ersetzte die zu klein gewordenen Räumlichkeiten. Neben regelmäßigen Versteigerungen finden hier, in einem der weltweit größten Pfandleih- und Auktionshäuser, pro Jahr vier große Kunstauktionen statt.

1., Dorotheergasse 17; Tel. 51560-200

Evangelische Kirchen C 3

In der unter Joseph II. aufgehobenen Klosterkirche der Klarissinnen (1582/83 vom Hofbaumeister J. Vivian) wurde im Jahr 1783 – als Auswirkung des „Toleranzpatents" – ein Bethaus der Evangelischen Kirche (A.B.) eingerichtet. Rechts neben dieser ältesten evangelischen Kirche Wiens (Renaissance-Innenraum) wurde 1783/84 die Kirche der Evangelisch-Reformierten (H.B.) nach Plänen von Gottlieb Nigelli errichtet; die neobarocke Fassade kam 1887 hinzu.

1., Dorotheergasse 16-18

Franziskanerkirche (zum hl. Hieronymus) D 3

Die gotische, schon unter dem Einfluss süddeutscher Renaissance erbaute Kirche rahmt neben reizvollen Hausfassaden aus dem 17./18. Jh. den kleinen **Franziskanerplatz** mit dem **Mosesbrunnen** (von Johann Martin Fischer, 1798) ein. Im barocken Innenraum sticht der von Andrea Pozzo gestaltete hochbarocke Hochaltar (1707) mit einer hölzernen Madonna (15. Jh.) hervor. Zu erwähnen sind auch die Gemälde berühmter Barockmaler an den Seitenaltären, wie „Der hl. Capistran heilt einen Besessenen" von Franz Xaver Wagenschön, „Kreuzigung" von Carlo Carlone und „Hl. Franziskus" von Johann Martin Schmidt. Die barocke, geschnitzte Orgel von Johann Wöckerl (1643) ist die älteste der Stadt.

1., Franziskanerplatz

Freyung B 2

Der Platz vor dem Schottenstift wird von noblen Palais aus dem 17./18. Jahrhundert umgeben: das hochbarocke **Palais Daun-Kinsky** an der Nordseite schuf Lukas von Hildebrandt für den Feldmarschall Daun (1713-1716); links schließt das ehemalige **Palais Porcia** aus der Renaissancezeit an; das **Palais Harrach** gegenüber wurde vermutlich von D. Martinelli um 1700 für den Grafen Harrach erbaut; typischen Ringstraßenstil zeigt das **Palais Ferstel** (1856-1860), nach seinem Baumeister Heinrich Ferstel benannt, in dem das berühmte Literatentreff **Café Central** 1986 wiedereröffnet wurde.
In der Platzmitte steht der **Austria-Brunnen** von Ludwig Schwanthaler (1846): die Brunnenfiguren sind die allegorischen Darstellungen Österreichs (Austria) und der vier Hauptflüsse der Monarchie (Po, Elbe, Weichsel und Donau).

1. Bezirk

Gartenpalais Liechtenstein

Das Sommerpalais des Fürsten wurde nach den Entwürfen Domenico Martinellis ausgeführt (1698-1711) und von Giovanni Giuliani und seinen Schülern mit Plastiken reich ausgeschmückt. Im Inneren gestaltete Johann Michael Rottmayr die beiden Treppenhäuser mit herrlichen Deckengemälden. Das Deckenfresko im Großen Saal schuf Andrea Pozzo.

Im März 2004 wurde hier das **Liechtenstein Museum** eröffnet. Kunstschätze von Weltrang aus den Fürstlichen Sammlungen (umfassende Gemäldesammlung, Skulpturen, kostbare Jagdwaffen, erlesenes Porzellan, etc.) sind hier zu bewundern.

9., Fürstengasse 1
Öffnungszeiten: Fr-Di 10-17 Uhr
Tel. 3195767-251

Graben C 2/3

Den einstigen Stadtgraben des Römerlagers Vindobona schüttete man im Mittelalter zu, der so entstandene Marktplatz wurde ein Zentrum des städtischen Lebens. Heute ist er eine der eleganten Einkaufsstraßen der City. Die barocke, von Kaiser Leopold I. gestiftete **Pestsäule** (Dreifaltigkeitssäule) wurde von Matthias Rauchmiller begonnen und nach dessen Tod von Johann Bernhard Fischer von Erlach vollendet.

1. Bezirk

Haas-Haus C 2/3

Mitten in den historischen Kern der Stadt, an den Platz des im 2. Weltkrieg zerstörten Handelshauses Haas (19. Jh., Ringstraßenstil), setzte der Architekt Hans Hollein sein provokantes Bauwerk: einen Einkaufspalast für gehobene Ansprüche samt Dachcafé, in dessen

Haas-Haus mit Stephansdom

Glas-Stein-Metall-Fassade sich der Stephansdom verzerrt spiegelt.

1., Stephansplatz

Hofburg BC 3

Residenz der Habsburger bis zum Ende der österreichisch-ungarischen Monarchie im Jahr 1918, ist die Hofburg heute Amtssitz des Bundespräsidenten (im Leopoldinischen Trakt); daneben beherbergt der ausgedehnte Gebäudekomplex mit seinen 18 Trakten, 54 Stiegen, 19 Höfen und 2600 Räumen die Burgkapelle, die Spanische Hofreitschule, die Österreichische Nationalbibliothek sowie verschiedene Sammlungen und Museen.

Das Ensemble von 10 Gebäuden verschiedener Stilrichtungen nahm erst im Laufe der Jahrhunderte, nach zahlreichen Erweiterungen und Umbauten, seine heutige Gestalt an. Der älteste Teil, der **Schweizerhof** oder Schweizertrakt (die Schweizergarde war hier unter-

Hofburg

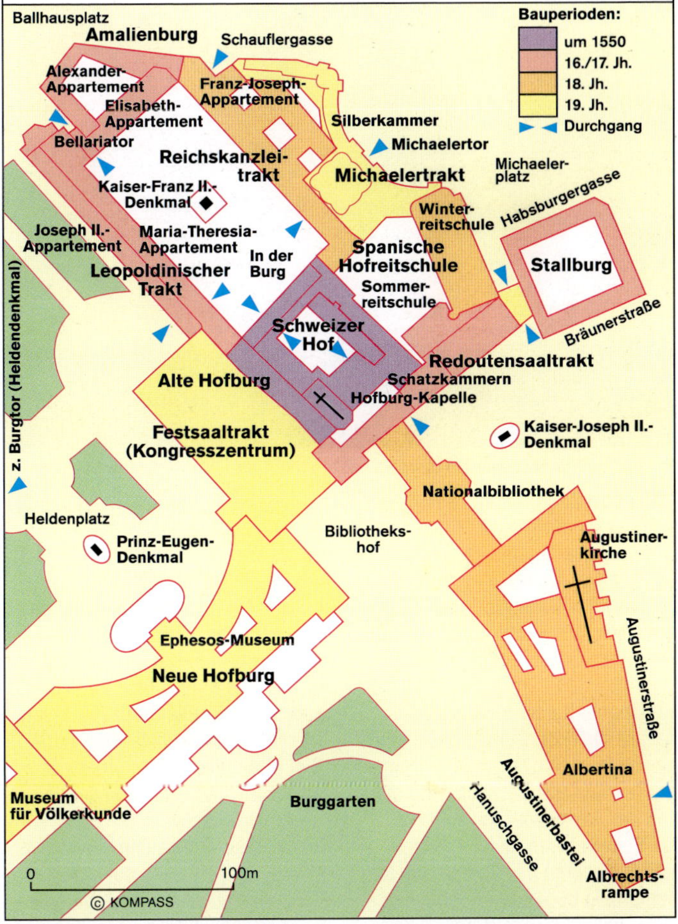

gebracht), war in ihrem Kern die „alte Burg" der Babenberger. Ferdinand I. ließ das Renaissanceschloss mit dem Schweizertor bauen (1547-1552). Eine Freitreppe führt von hier in die noch großteils im gotischen Stil erhaltene **Burgkapelle.** Unter Kaiser Friedrich III. 1447-1449 erbaut, erhielt sie im 17./18. Jh. barocke Anbauten; der Innenraum wurde um 1802 regotisiert. Vom Innenhof gelangt man heute in die ★ **Weltliche und geistliche Schatzkammer** *(siehe Museen).*

Die **Stallburg** ist der von Kaiser Ferdinand I. für seinen Sohn Maximilian um 1558 errichtete Renais-

Hofburg: Neobarocke Kuppel am Michaelertrakt

sancepalast, der dann als Hofstallgebäude adaptiert wurde. Im Erdgeschoss befinden sich die Stallungen für die Lipizzaner.
Die **Amalienburg,** die frühere Rudolfsburg, die Kaiser Maximilian II. für seinen Sohn Rudolf erbauen ließ, trägt seit dem 18. Jh., als die verwitwete Kaiserin Wilhelmine Amalie die Räumlichkeiten bezog, diesen Namen. Die späteren Räume der Kaiserin Elisabeth und die von Zar Alexander bewohnten sind als **Schauräume** zu besichtigen.
Kaiser Leopold I. ließ den nach ihm benannten barocken Verbindungstrakt zwischen Schweizerhof und Amalienburg bauen (1660-1680). Maria Theresia und ihr Gemahl Franz Stephan von Lothringen bewohnten den **Leopoldinischen Trakt,** ebenso Joseph II., dessen ehemaliges Arbeitszimmer jetzt der Bundespräsident benutzt.
Der nordöstliche Verbindungsflügel zwischen Schweizerhof und Amalienburg ist der **Reichskanzleitrakt,** der von den Barockbaumeistern Lukas von Hildebrandt und Joseph Emanuel Fischer von Erlach geschaffen wurde. Die sehenswerte **Kaiserstiege**. Hier befinden sich die ehemaligen **Kaiserappartements von Kaiser Franz Joseph und Kaiserin Elisabeth** (19 Schauräume). Direkt anschließend das **Sisi Museum**. Der renommierte Bühnenbildner Prof. Rolf Langenfass inszeniert im historischen Ambiente der Hofburg den „Mythos Sisi" und wagt abseits der gängigen Klischees auch einen durchaus kritischen Blick auf die berühmte Monarchin.
In der **Winterreitschule** tritt die **Spanische Hofreitschule** auf. Joseph Emanuel Fischer von Erlach führte auch diesen Auftrag Kaiser Karls VI. aus und gestaltete den weißen Saal ursprünglich als Rahmen für rauschende Feste.
Der ursprünglich freistehende Ba-

rockbau der Hofbibliothek, jetzt **Österreichische Nationalbibliothek** (nach Plänen von Vater und Sohn Fischer von Erlach 1723-1726 erbaut), wurde durch den Redoutentrakt mit der Hofburg verbunden. Im Mittelteil wölbt sich die 30 Meter hohe Kuppel mit einem Fresko von Daniel Gran über dem barocken Prunksaal, dem herrlichen Bibliothekssaal.
Bei einem Brand im November 1992 wurden große Teile der **Redoutensäle** zerstört, die Bauarbeiten wurden im September 1997 abgeschlossen. Der kleine Saal wurde detailgetreu rekonstruiert, allerdings waren von ihm auch 80% der alten Bausubstanz erhalten geblieben. Der große Saal und der darüberliegende barocke Dachstuhl wurden beinahe zur Gänze ein Raub der Flammen. Mit der künstlerischen Neuausgestaltung des großen Saales wurde der Maler Josef Mikl beauftragt. Im ehemaligen Dachraum wurde ein Konferenzraum für rund 1000 Personen errichtet. Unter Franz I. (1804) entstand der klassizistische Anbau an den ältesten Teil der Burg, der **Festsaaltrakt.** Der frühere Thron- und Ballsaal gehört heute zum Kongresszentrum.
Anstelle des 1888 abgerissenen Hofburgtheaters ließ Kaiser Franz Joseph I. nach alten Plänen von Joseph Emanuel Fischer von Erlach den **Michaelertrakt,** als Verbindung zwischen Reichskanzleitrakt und Winterreitschule, errichten. Durch das prunkvolle Michaelertor betritt man den Kuppelsaal, von dem aus man in die **Silberkammer** (weltweit das größte Museum zum Thema: „Kultur des höfischen Haushalts") gelangt.
Karl von Hasenauer und Gottfried Semper planten ein gewaltiges Kaiserforum im neobarocken Stil, von dem Kaiser Franz Joseph nur einen Flügel, die **Neue Hofburg,** ausführen ließ. Den freigebliebenen Raum füllt der von Alter und Neuer Hofburg zweiseitig begrenzte **Heldenplatz.** Die Weite des Platzes wird nur von zwei Reiterstandbildern – Prinz Eugen von Savoyen und Erzherzog Karl, Sieger von Aspern – beherrscht. In der Neuen Burg sind das **Papyrusmuseum, Lesesäle,** das **Museum für Völkerkunde** und das **Ephesos-Museum** *(siehe Museen)* untergebracht.

1., Michaelerplatz 1, Burgring

Burgkapelle: Besichtigung Mo-Do 11-15 Uhr, Fr 11-13 Uhr, Gruppen nach telefonischer Voranmeldung. Messe der Hofmusikkapelle mit den Wiener Sängerknaben (außer Juli bis Mitte September) jeden So 9.15 Uhr. Kartenbestellung unter Telefon 5339927-75!

Kaiserappartements, Sisi Museum und Silberkammer: Täglich 9-17 Uhr
Tel. 5337570

Lippizaner Museum: Reitschulgasse 2, Täglich 9-18 Uhr; Tel. 52524583

Schmetterlingshaus im Burggarten: April-Oktober Mo-Fr 10-16.45, Sa, So und Ftg 10-18.15 Uhr, Nov.-März täglich 10-15.45 Uhr, Tel. 5338570

Spanische Hofreitschule: Informationen zu Vorstellungen erhalten Sie unter der Telefonnummer 5339031

Hoher Markt CD 2

Hier lag das römerzeitliche Zentrum der civitas Vindobona, wo Kaiser Marc Aurel residierte. Ausgrabungen **römischer Ruinen** kann man im Haus Nr. 3 besichtigen.

Öffnungszeiten: Di bis So + Ftg 9-13, 14-17 Uhr; Tel. 5355606

Der mittelalterliche Marktplatz war Gerichtsstätte und Pranger und Schauplatz zahlreicher Hinrichtungen. Den **Vermählungsbrunnen** (Josephsbrunnen) gestaltete Joseph Emanuel Fischer von Erlach aus weißem Marmor (1732).
Beim Umbau des Versicherungsgebäudes Nr. 10/11 an der Ostseite des Platzes verwirklichte der Künstler Franz Matsch mit der **Ankeruhr** seine Idee einer bemerkenswerten Jugendstil-Kunstuhr. Zwölf Figuren aus der Geschichte Wiens wandern als „Stundenregenten" auf dem Schwibbogen (Verbindung zwischen den Gebäuden) über die Gasse: Kaiser Marc Aurel, Karl der Große, Herzog Leopold VI. mit Theodora von Byzanz, Walther von der Vogelweide, König Rudolf I. mit Gemahlin Anna, Dombaumeister Hans Puchsbaum, Kaiser Maximilian I., Bürgermeister A. von Liebenberg, Graf Rüdiger von Starhemberg, Prinz Eugen, Maria Theresia mit Kaiser Franz I. und Joseph Haydn. Bei der großen Figurenparade, täglich um 12 Uhr, lässt das Glockenspiel Musik aus der jeweiligen Epoche erklingen. Im Advent täglich um 17 und 18 Uhr Weihnachtslieder!

1. Bezirk

Hundertwasserhaus

Die Stadt Wien beauftragte den international bekannten Maler Friedensreich Hundertwasser, einen der Hauptkritiker des kommunalen Wohnbaustils, ein städtisches Wohnhaus zu bauen. Neben dem unverkennbaren, ornamentalen und farbenprächtigen Stil des Künstlers zeichnet sich die 1983-1985 verwirklichte Wohnanlage durch die Ideen des engagierten „Grünen" aus: in dem lebendigen, unkonventionellen Haus sind die Fußböden schief, die Fenster unregelmäßig angeordnet, die Wände ungleichmäßig verputzt usw., auf den von Zwiebeltürmchen bekrönten Flachdächern, auf den stufenförmigen Terrassen und aus den Fenstern wächst viel Grün – kein Wunder, dass dieser Phantasiereichtum immer wieder zahlreiche Schaulustige anlockt.

3., Kegelgasse/Löwengasse

Jesuitenkirche (ehem. Universitätskirche) D 2

In einer allgemein unruhigen Zeit – 30-jähriger Krieg, Zeit der Gegenreformation – stiftete Ferdinand II. die spätere Universitätskirche. Der Jesuitenpater Andrea Pozzo gestaltete das hochbarocke Langhaus und die Türme, den Hochaltar und die Deckenfresken.

1., Dr.-Ignaz-Seipel-Platz

Josefsplatz C 3

Prachtvolle Fassaden – barock bis klassizistisch – umgeben den Platz, der als der schönste der Stadt gilt. Barock ist das Gebäude der **Nationalbibliothek** mit den seitlich angrenzenden Flügeln. Am gegenüberliegenden **Palais Pallavicini** schuf Franz Anton Zauner ein imposantes klassizistisches Portal (1784). Vom selben Künstler stammt auch das **Reiterstandbild**

Kaiser Josephs II. (1807) auf dem Platz. Das schlichte Äußere des **Palais Pálffy** an der Ostseite geht auf das 16. Jh. zurück.

1. Bezirk

Kapuzinerkirche mit Kaisergruft C 3

Die schlichte, den Regeln des Bettelordens entsprechende Kirche ist seit 1633 die Begräbnisstätte der Habsburger. Links neben der Kirche gelangt man in die seit dem 17. Jh. mehrmals erweiterte Kaisergruft, in der 145 Mitglieder des Erzhauses Habsburg (ohne Eingeweide und Herzen) ruhen. In den chronologisch aneinandergereihten Gruft-Räumen stehen die teils kunstvoll gestalteten, teils schlichten Sarkophage und Särge, darunter der prunkvolle Rokoko-Doppelsarkophag Maria Theresias und Franz I. von Balthasar Moll (1753).

1., Neuer Markt/Tegetthofstraße
Öffnungszeiten: Täglich 10-18 Uhr
Tel. 5126853

Karl-Marx-Hof

Nach Plänen von Karl Ehn entstand der 1000 Meter lange Wohnblock mit seinen markanten Bogendurchfahrten, ein Symbol des „Roten Wien", der für ihre Gemeindebauten bekannten Ära der sozialdemokratischen Partei (1919-1934).

19., Heiligenstädter Straße 82-92

★ Karlskirche C 5

Von Kaiser Karl VI. 1713 gestiftet, begann Johann Bernhard Fischer von Erlach 1716 mit dem Bau, sein Sohn Joseph Emanuel vollendete 1739 diese bedeutendste Barockkirche Wiens – ein Hauptwerk des europäischen Barock überhaupt. Auffahrt mit dem Panoramalift in die Kuppel möglich! 1725 wurde die 72 m hohe Kuppel fertiggestellt, die Johann Michael Rottmayr mit großartigen Fresken ausschmückte. Von ihm stammt auch das Fresko über der Orgelempore. Sehenswert sind auch Altarblätter, wie die „Erweckung des Jünglings von Nain" von Martino Altomonte sowie „Jesus und der römische Hauptmann" und „Heilung eines Gichtbrüchigen" von Daniel Gran.

4., Karlsplatz

Karlsplatz C 4

Bei der Neugestaltung des Platzes (1977/78), der zu den verkehrsreichsten Wiens zählt, wurden die von Otto Wagner für die Stadtbahn geschaffenen **Jugendstil-Pavillons** wieder errichtet. Sie konkurrieren mit dem ersten Bauwerk des Wiener Jugendstils, der **Secession,** westlich des Platzes. Südlich wird der Platz von der großartigen **Karlskirche** und von der Technischen Universität abgeschlossen; nördlich

Barock in Vollendung: Die Karlskirche von Johann Bernhard Fischer von Erlach

angrenzend sind das **Künstlerhaus** (Neo-Renaissancebau, 1865-1868, Wechselausstellungen zeitgenössischer Kunst) und das **Musikvereinsgebäude** zu sehen, östlich das **Wien Museum Karlsplatz.** In den Grünanlagen des Resselparks erinnern Denkmäler an den Komponisten Johannes Brahms, an Josef Ressel (Erfinder der Schiffsschraube) und an Josef Madersperger (Erfinder der Nähmaschine).

1. Bezirk

Maria am Gestade C 1/2

Die schmale gotische Kirche wurde im 14. Jh., anstelle eines romanischen Vorgängerbaus, hoch über einem Arm der Donau erbaut. Der durchbrochene Maßwerkkuppelhelm ist eines der schönsten gotischen Kunstdenkmäler in Österreich. Im Chor befinden sich noch gotische Glasfenster; ebenfalls aus dem 14. Jh. sind zwei gotische Sandsteinfiguren am zweiten östlichen Langhauspfeiler.
In einer Seitenkapelle werden die Reliquien des hl. Klemens Maria Hofbauer, dem Stadtpatron von Wien seit 1914, aufbewahrt.

1., Salvatorgasse 12

Michaelerkirche C 3

Die dem hl. Michael geweihte ehemalige Hofpfarrkirche, ursprünglich eine spätromanische Pfeilerbasilika (13. Jh.), wurde im 16. Jh. gotisiert. Der schmale gotische Turm ist eines der Wahrzeichen der Innenstadt. Ein barocker Portalvorbau (1725) und eine klassizistische Fassade (1792) verschmelzen harmonisch mit dem älteren Kirchenbau.
Auch der **Michaelertrakt** der Hofburg und das **Looshaus** (Adolf Loos plante dieses Wohn- und Geschäftshaus um 1910/11 im damals revolutionären Stil der „Neuen Sachlichkeit“) geben dem **Michaelerplatz** sein Gepräge. Bei Bauarbeiten wurden unter dem Platz Mauerreste des römerzeitlichen Vindobona freigelegt. Diese können in dem 1992 gestalteten Freilicht-

museum inmitten des Platzes besichtigt werden.

1. Bezirk
Gruftführungen: Mo-Fr 11, 14, 15, 16 Uhr, Sa 15 + 16 Uhr; Tel. 5338000

Minoritenkirche B 2

Die von den Minoriten im 13. Jh. ursprünglich außerhalb der Stadtmauer erbaute Kirche heißt seit 1786 offiziell „Italienische Nationalkirche Maria Schnee". Das herrliche Portal an der Nordwestfassade der schlichten gotischen Hallenkirche (14. Jh.) stammt aus der Hand eines französischen Meisters. Im klassizistisch erneuerten Inneren befinden sich u. a. Martino Altomontes „Leopold III. gründet Klosterneuburg", das Hochaltarbild „Maria Schnee" von Christoph Unterberger und im rechten Seitenschiff Altarbilder von Daniel Gran.

1., Minoritenplatz

MuseumsQuartier Wien AB 4

siehe auch unter Museen
Auf dem weitläufigen ehemaligen Messegelände enstand nach dem Entwurf des Architekten Laurids Ortner das neue MuseumsQuartier Wien; es wurde im Juni 2001 eröffnet. Das MQ Wien ist eines der zehn größten Kulturareale der Welt. Es ist ein zukunftsweisendes, innerstädtisches Kulturviertel mitten im Zentrum der Stadt. Es vereinigt barocke Gebäude (1719-1725 von Vater und Sohn Fischer von Erlach großzügig angelegte kaiserliche Hofstallungen) und neue Architektur, kulturelle Einrichtungen aller Größenordnungen, verschiedene Kunstsparten und Naherholungseinrichtungen. Terrassen-Cafés, Grünoasen, Bars, Shops und Buchhandlungen sorgen auf dem 60.000 m² großen Areal für eine hervorragende Infrastruktur.
Das Spektrum reicht von großen Kunstmuseen wie dem **Leopold Museum** und dem **MUMOK (Museum moderner Kunst/Stiftung Ludwig Wien)** über zeitgenössische Ausstellungsräume wie der **KUNSTHALLE wien** bis zu **Festivals**, wie den Wiener Festwochen. Dazu kommen ein internationales **Tanzquartier** modernster Ausprägung, das **Architekturzentrum** Wien, **Produktionsstudios** für Neue Medien, **Künstlerateliers** für „Artists-in-Residence", herausragende **Kunst- und Kultureinrichtungen speziell für Kinder** (ZOOM Kindermuseum, Dschungel Wien – Theaterhaus für junges Publikum, wien Xtra-Kinderinfo), sowie zusätzliche verschiedene Veranstaltungen und Festivals wie das renommierte **Filmfestival Viennale**, das **ImPuls Tanz Festival**, etc.
Das gesamte Areal ist rund um die Uhr geöffnet. Das MQ Info & Ticket Center steht den Besuchern täglich von 10-19 Uhr zur Verfügung.

7., Museumsplatz 1, Tel. 5235881

Das MuseumsQuartier ist Anziehungspunkt für Kunstinteressierte

Musikvereinsgebäude C 4

Die 1812 gegründete Gesellschaft der Musikfreunde beauftragte 1867 den Ringstraßenarchitekten Theophil van Hansen mit der Ausführung des Gebäudes, in dem griechische Renaissance lebendig wird. Im „Goldenen Saal“, wegen seiner hervorragenden Akustik berühmt, fanden zahlreiche Uraufführungen mit den Wiener Philharmonikern statt. Der alljährliche Höhepunkt ist das Neujahrskonzert, das via Fernsehen und Satellit in alle Welt ausgestrahlt wird.

1., Dumbastraße 3/Bösendorferstraße 12

★ Naschmarkt B 4/5

Der Naschmarkt besitzt mit seinem unüberschaubaren Angebot an frischen Lebensmitteln, Obst, Gemüse und exotischen Spezialitäten (Mo bis Fr 6-18.30, Sa 6-13 Uhr) wienerisches Flair. An Samstagen hat der Flohmarkt im südlichen Teil geöffnet – von wertvollen Antiquitäten bis zu Kitsch und Ramsch wird dort alles geboten.

6., Wienzeile

Naschmarktszene

Neidhart-Fresken C 2

Die ältesten profanen Wandmalereien der Stadt Wien wurden 1979 bei Renovierungsarbeiten zufällig entdeckt. Sie stammen aus der Zeit um 1400 und schmückten damals einen mittelalterlichen Festsaal mit Darstellungen aus der Dichtung des Minnesängers Neidhart. Bei barocken Umbauten wurden sie teils zerstört, teils durch Zuspachteln verdeckt.

1., Tuchlauben 19
Öffnungszeiten: Di bis So 9-12 Uhr
Tel. 5359065

Neuer Markt mit Donner-Brunnen C 3

Schon um 1220 bestand dieser Marktplatz (Mehlmarkt) und war unter anderem auch Turnierplatz. Neben der **Kapuzinerkirche** umgeben ihn heute einige aus dem 18. Jh. erhaltene Häuser, in der Mitte steht der vom Barockbildhauer Georg Raphael Donner geschaffene Brunnen. Die allegorische Figur der Providentia (= Vorsehung, Fürsorge) im Zentrum des Brunnens wird von den Allegorien der Flüsse Enns, Traun, Ybbs und March am Brunnenrand ergänzt. Die originalen Plastiken stehen heute im Barockmuseum, sie wurden durch Bronzenachbildungen ersetzt.

1. Bezirk

Palais Lobkowitz C 3

Das 1685-1687 erbaute Gebäude erhielt später durch Johann Bernhard Fischer von Erlach die Attika und das Hauptportal. Im Jahr 1803 dirigierte hier Ludwig van Beethoven im privaten Rahmen erstmals seine 3. Symphonie, die „Eroica“.

1., Lobkowitzplatz 1

Palais Pálffy, Palais Pallavicini

siehe Josefsplatz

Palais Rasumofsky

Der russische Botschafter und Kunstmäzen ließ sich von Louis de Montoyer diesen Wohnsitz erbauen (1806/07). Der große Festsaal war wegen seiner hervorragenden Akustik als Musiksaal sehr gefragt – hier wurde auch die 5. Symphonie Beethovens uraufgeführt. Die Inneneinrichtung wurde 1814 bei einem Brand zerstört.

3., Rasumofskygasse 23-25

Palais Schwarzenberg D 5

Das heute als Hotel und Restaurant geführte Haus entstand um 1704 nach Plänen von Lukas von Hildebrandt. Ab 1720 wurde das Innere mit dem prachtvollen Kuppelsaal, ebenso die Gartenanlagen, von Johann Bernhard Fischer von Erlach gestaltet. Das Deckenfresko in der Galerie ist ein Werk Daniel Grans.

3., Rennweg 2

Palais Trautson A 3

Das heutige Gebäude des Justizministeriums ist das bedeutendste profane Bauwerk des berühmten Barockbaumeisters Johann Bernhard Fischer von Erlach in Wien. Als Maria Theresia das Gebäude 1760 erwarb, wurde hier die königlich-ungarische Leibgarde einquartiert.

7., Museumstraße 7

Parlament A 3

Als Höhepunkt seiner Arbeiten an der Ringstraße erbaute Theophil van Hansen 1873-1883 das Parlament. Der Stil griechischer Tempel soll die gedankliche Verbindung zu Griechenland, zur Wiege der Demokratie, herstellen. Der Dreiecksgiebel über der Säulen-Eingangshalle zeigt ein Relief von Edmund Heller, die „Verleihung der Verfassung an die 17 Kronländer durch Kaiser Franz Joseph I."
Unterhalb der Auffahrtsrampe steht der vom Bildhauer Karl Kundmann

Im Parlament tagt der National- und Bundesrat

gestaltete Brunnen (1902) mit **Pallas Athene,** der griechischen Göttin der Weisheit.

1., Dr.-Karl-Renner-Ring 3; Tel. 40110-2715
Führungen: (außer an Sitzungstagen) Mitte Sept.-Mitte Juli Mo, Di 10, 11, 14, 15, 16; Mi, Do 10, 11, 14, 15, 16, 17; Fr 10, 11, 13, 14, 15, 16; Sa 10, 11, 12, 13; Mitte Juli-Mitte Sept. Mo-Fr 10, 11, 13, 14, 15, 16; Sa 10, 11, 12, 13 Uhr. Gruppen nach Voranmeldung,

Peterskirche C 2

Die Gründung der zweitältesten Kirche Wiens soll im Jahr 792 durch Karl den Großen erfolgt sein. Von Kaiser Leopold I. wurde das jetzige hochbarocke Gotteshaus in Auftrag gegeben: ein im Jahr 1702 von Gabriele Montani begonnener und von Lukas von Hildebrandt fertiggestellter Zentralbau mit ovalem Grundriss, dessen Vorbild die Peterskirche in Rom war. 1733 wurden die beiden schräg stehenden Türme beiderseits der Kuppel fertiggestellt. Nach Plänen von Andrea Altomonte entstand der Portalvorbau. Im prunkvollen Innenraum mit Gold-Ocker-Stukkaturen wird der Blick auf das Kuppelfresko von J. M. Rottmayr gelenkt. Das Hochaltarblatt malte Martino Altomonte, das Bild „Maria Immaculata“ über dem Tabernakel Leopold Kupelwieser. In den Seitenkapellen kann man weitere Altarblätter und Bilder von Martino Altomonte und Leopold Kupelwieser entdecken.

1., Petersplatz

Piaristenkirche Maria Treu

Die Ordenskirche der Patres Scholarum Piarum (Piaristen) wurde nach Plänen Lukas von Hildebrandts um 1716 begonnen, jedoch erst Mitte des 18. Jh. weitergebaut. Sie ist mit ihren beiden hohen Türmen (76 m) eine der wirkungsvollsten Kirchen der Stadt. Die wunderschönen Fresken im Innenraum sind das erste große Werk von Franz Anton Maulbertsch (1752/53). Ein weiteres, um 1772 entstandenes Gemälde des Barockmalers, ist in der Kreuzkapelle zu sehen.

8., Jodok-Fink-Platz

★ Prater

Der große Naturpark, der sich im Stadtgebiet zwischen Donau und Donaukanal fast 10 km lang über ein früheres Wald- und Augebiet erstreckt, wurde als kaiserliches Jagdgebiet um 1162 erstmals erwähnt (Name vom spanischen Wort prado = Wiese).
Die um 1537 unter Ferdinand I. angelegte, von Kastanienbäumen gesäumte Hauptallee führt zum Lusthaus, einem klassizistischen Pavillon (1782 errichtet, heute Café-Restaurant).
Kaiser Joseph II. machte 1766 die kaiserlichen Gründe für das Volk zugänglich – sie wurden bald ein beliebtes Ziel der Wiener. Beliebt waren besonders die Feuerwerke auf der Jesuitenwiese. An der Hauptallee entstanden drei Kaffeehäuser – hier spielten berühmte Musiker auf: Beethoven, Lanner, die Brüder Strauß u. a. Am Ausgang beim Praterstern siedelten sich bald die ersten Buden an – der Volksprater oder **„Wurstelprater“** (von Wurstel = Kasperl) begann sich zu etablieren. 1840 gab es das erste Praterringelspiel von Calafati. Das 1897 vom Engländer W. B. Bassett konstruierte, 67 Meter hohe **Riesenrad** wurde das zweite Wahrzeichen Wiens. Während sich das Rad langsam dreht, kann man aus

einer der 15 Gondeln den Rundblick genießen. Heute gibt es alle Arten von Unterhaltung, Hochschaubahnen, Geisterbahnen, Spielhallen, Schießbuden usw. Eine berühmte Figur ist der „Watschenmann". Eine Liliputbahn mit Diesellok fährt vom Riesenrad durch den Grünen Prater zum Lusthaus und zurück.

Das Riesenrad wartet mit einer attraktiven Erlebnisweit auf: dem „Panorama" beim Eingangsbereich, das die Geschichte des monumentalen Stahlrades (Durchmesser: 61 Meter) und der Stadt Wien anhand von nostalgischen Installationen, die in Riesenradwaggons am Publikum vorbeiziehen, erzählt. Der Grüne Prater ist der große Wald- und Wiesenteil des Praters, der an den Vergnügungspark anschließt.

2., Praterstern
Öffnungszeiten Riesenrad: Jänner, Feber, November und Dezember 10-20 Uhr, März, April und Oktober 10-22 Uhr, Mai-September 9-24 Uhr
Tel. 7295430

Rathaus A 2

Das neue Rathaus – das alte war zu klein geworden – wurde in den Jahren 1872-1883 von Friedrich von Schmidt im neugotischen Stil, in Anlehnung an das gotische Rathaus von Brüssel, großzügig angelegt. Die zur Ringstraße gerichtete Hauptfassade wird von einem Mittelrisalit, aus dem der 98 Meter hohe Mittelturm (vom „Rathausmann" bekrönt) aufsteigt, und von offenen Arkaden und Loggien geprägt. Von den 7 Innenhöfen ist der größte der Arkadenhof, in dem Konzerte des Wiener Musiksommers stattfinden.

Das Neue Rathaus wird vom „Rathausmann" bekrönt

Im zweistöckigen Sitzungssaal des Gemeinderates und (gleichzeitig) Landtages beeindrucken der riesige Prunkleuchter aus dem Jahr 1873 (3,2 Tonnen schwer, 254 Lampen), die reichvergoldete Holzkassettendecke und ein 25 m langer Freskenfries, der bedeutungsvolle Ereignisse aus der Geschichte Wiens darstellt. Zwei herrliche Festtreppen führen zum großen, über zwei Stockwerke reichenden Festsaal – hier findet jeden Sommer der „Concordia-Ball" statt.
Den Raum zwischen Rathaus und Ringstraße füllen die Grünanlagen des **Rathausparks;** mitten hindurch führt die Zufahrtsstraße, an der sich die Statuen bedeutender Persönlichkeiten aus der Stadtgeschichte aneinanderreihen. Auch zwischen den Büschen und unter den Bäumen begegnet man auf Schritt und Tritt Künstlern, Politikern und Wissenschaftlern der Stadt, denen hier ein Denkmal gesetzt wurde.

1., Friedrich-Schmidt-Platz 1, Tel. 52550, Führungen: Mo, Mi, Fr 13 Uhr (außer an Sitzungstagen und Feiertagen). Gruppen ein Monat vorher bitte schriftlich anmelden!

Ringstraße C 1 – D 4

Durch das Schleifen der Stadtbefestigung wurde die Anlage der vier Kilometer langen Ringstraße möglich, die den historischen Stadtkern umschließt (1858-1865). In der 2. Hälfte des 19. Jahrhunderts wurde mit dem Bau der monumentalen Gebäude begonnen, von der Staatsoper (ab 1861) über Kunst- und Naturhistorisches Museum (1872) und Parlament bis zum Regierungsgebäude am Stubenring, das noch kurz vor dem Ersten Weltkrieg vollendet wurde. Der typische „Ringstraßenbaustil" war der Historismus, in dem ein Nebeneinander der durch die Jahrhunderte hindurch entwickelten und bewährten Baustile – Antike neben Gotik, Renaissance oder Barock – möglich war und der von Architekten wie Heinrich Ferstel, Theophil van Hansen, Karl von Hasenauer, Eduard van der Nüll, Friedrich von Schmidt, Gottfried Semper und August von Siccardsburg verwirklicht wurde.

1. Bezirk

Ruprechtskirche D 2

Die älteste Kirche Wiens soll im 8. Jh. von Bischof Virgil gegründet worden sein und wurde um 1161 als Pfarre erwähnt (St. Stephan war Filialkirche). Der einfache romanische Bau besitzt ein Langhaus aus dem 11. Jh. und einen im 12. Jahr-

Ruprechtskirche: älteste Kirche Wiens

hundert erhöhten Turm. Im Chor-Mittelfenster (13. Jh.) sind die ältesten Glasgemälde Wiens erhalten. Bemerkenswert sind auch die gotische Orgelempore mit Maßwerkbrüstung (1439), ein Holzrelief sowie ein Bild des hl. Ruprecht an der rechten Chorwand. Das Gnadenbild der „Schwarzen Madonna" am Maria-Loretto-Altar wurde in Zeiten der Pest und Türkenbelagerung angerufen.

1., Ruprechtsplatz

★ Schloss Schönbrunn

Das Barockschloss, das 1996 zum **UNESCO-Weltkulturerbe** erklärt wurde, auf dem Boden eines früheren Jagdgreviers, war die einfachere Version der Pläne, die Johann Bernhard Fischer von Erlach Kaiser Leopold I. vorlegte. Der Bau wurde 1695 begonnen und 1713 beendet. Maria Theresia ließ die Residenz von ihrem Hofarchitekten Nikolaus Pacassi 1744-1749 entsprechend gestalten. Bis zum Ende der Monarchie war der drei-geschossige Barockbau im typischen „Schönbrunnergelb" Wohnsitz der Habsburger. Die Innenräume waren Schauplatz zahlreicher Festlichkeiten und bekannte Künstler und Handwerker der unterschiedlichen Stilepochen wirkten hier. In dem nach den schweren Kriegsschäden renovierten Schloss empfängt heute der Bundespräsident Staatsbesuche und Gäste. Von den 1441 Zimmern können 40 als Schauräume besichtigt werden. Dazu zählen so prunkvolle und originelle wie das Chinesische Rundkabinett, das Rosa-Zimmer, der Spiegelsaal, die Kleine und Große Galerie, der Blaue Salon, das Napoleon-, Rössel-, Millionen- und Gobelinzimmer und der Zeremoniensaal, um nur einige zu nennen.

Rösselzimmer

6,5 Millionen Menschen besuchen jährlich das Schloss Schönbrunn

Gloriette

Die **Schlosskapelle** (1700) besitzt Deckenfresken von Daniel Gran und ein Hochaltarbild von Paul Troger. In der **Wagenburg,** der früheren Winterreitschule, sind historische Wagen und andere Fahrzeuge des Kaiserhauses ausgestellt.

Das **Rokoko-Theater** im Schloss (1766/67), das älteste noch erhaltene Theater Wiens, erlebte Aufführungen unter Haydn und Mozart.

Der weitläufige **Schlosspark** wurde von Jean Trehet in streng geometrischen Formen, mit beschnittenen Hecken und Bäumen sowie in ansteigenden Terrassen mit Brunnen – der „Neptunbrunnen" in der zentralen Achse mit Steinskulpturen von F. A. Zauner oder der „Schöne Brunnen" (die alte, dem Schloss namengebende Quelle) – angelegt. Attraktionen im Park sind der **Kron-**

Die Große Galerie schmücken Deckengemälde von Gregorio Guglielmi

Schlosspark Schönbrunn

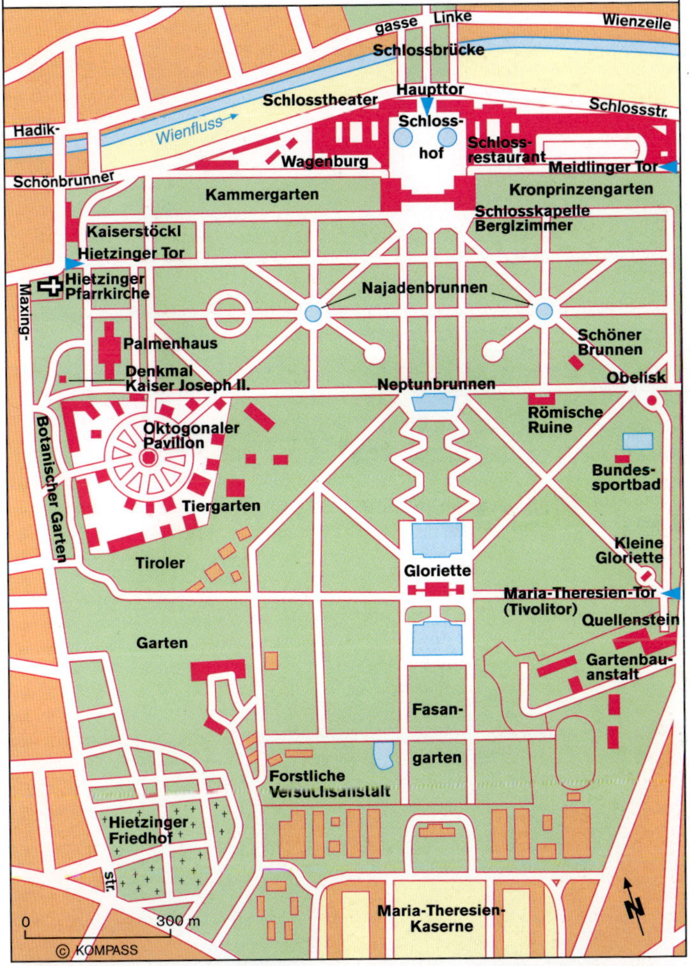

prinzengarten, der **Irrgarten** und das 2700 m² große **Labyrinth**. Dann geht es hinauf bis zum höchsten Punkt, auf dem die klassizistische Säulenhalle der **Gloriette** (1775) thront. Im verglasten Mittelteil lädt das **Cafè Gloriette** zur Rast ein. Von der Aussichtsterrasse auf dem Dach bietet sich ein herrlicher Blick auf Wien. Bei der notwendigen Restaurierung wurde die Altsubstanz nur wenig verändert. Hinter dieser schließt der Fasangarten an. Im westlichen Parkteil liegen das **Palmenhaus** (größtes Glashaus Europas) und der **Tier-**

Tiergarten Schönbrunn: Tierbabys erfreuen Jung und Alt

garten (1752 gegründet und damit ältester der Welt).
Daran schließt noch der um 1800 von Erzherzog Johann geschaffene **Tiroler Garten** an.
Das historische **Sonnenuhrhaus** im Schlosspark erstrahlt nach der Generalsanierung in neuem Glanz und beherbergt nun das **Wüstenhaus**. Dieses gibt Einblick in die faszinierende Pflanzen- und Tierwelt dieser trockenen Lebensräume; zahlreiche botanische Raritäten sind zu bewundern.

Im Palmenhaus werden exotische Pflanzen gezeigt

Irrgarten im Schlosspark von Schönbrunn

13., Schönbrunner Schlossstraße

Gloriette: Cafe, Tel. 8791311, Aussichtsterrasse, April-Okt täglich 9 Uhr bis Einbruch der Dunkelheit.

Irrgarten und Labyrinth: April-Juni und September täglich 9-18, Juli und August täglich 9-19, Oktober täglich 9-17 Uhr; Tel. 81113-239

Palmenhaus: Mai-September täglich 9.30-18, Oktober-April täglich 9.30-17 Uhr; Tel. 8775007-400

Schauräume (nur mit Führung): November-März täglich 8.30-16.30, April-Juni, September und Oktober täglich 8.30-17, Juli und August täglich 8.30-18 Uhr; Tel. 81113-239

Schlosspark: 6 Uhr bis Einbruch der Dunkelheit.

Tiergarten: Täglich Jänner, November und Dezember 9-16.30, Feber 9-17, März und Oktober 9-17.30, April 9-18, Mai-September 9-18.30 Uhr; Tel. 8779294

Wagenburg: April-Oktober täglich 9-18, November-März, täglich außer Montag, 10-16 Uhr; Tel. 8773244

Wüstenhaus: Mai-September 9-18 Uhr, Oktober-April 9-17 Uhr; Tel. 8775087

Schottenkirche B 2

Nach der Gründung des Schottenstifts (Schotten nannte man die irischen Benediktinermönche, denn Irland hieß damals Neu-Schottland) durch Heinrich Jasomirgott im Jahr 1155, wurde um 1177 mit dem Bau der Kirche begonnen. In dem im 14. und 15. Jh. gotisch erneuerten und im 17. Jh. barockisierten Gotteshaus sind schöne Altarblätter, unter anderem von Tobias Pock, zu sehen. Im **Schottenstift** befindet sich ein **Museum**.

1., Freyung 6
Öffnungszeiten: Do-Sa 11-17 Uhr, Ftg geschlossen; Tel. 53498-600

Schwarzenbergplatz D 4/5

In der Platzmitte steht das **Reiterstandbild** von Fürst Karl von Schwarzenberg, des siegreichen Feldherrn der österreichischen, preußischen und russischen Truppen gegen Napoleon in der Völkerschlacht bei Leipzig, im Jahr 1813 (von Ernst Julius Hähnel). Am südlichen Platzende erinnert der **Hochstrahlbrunnen** an die Eröffnung der Ersten Wiener Hochquellenleitung, welche die Stadt mit Quellwasser aus dem Rax- und Schneeberggebiet versorgt.

3. Bezirk

Secession *siehe Museen*

Staatsoper C 4

Die Staatsoper, eines der führenden Opernhäuser der Welt, war das erste der Ringstraßenbauwerke (1861-1869). August von Siccardsburg und Eduard van der Nüll, die Architekten des monumentalen Gebäudes im Stil der französischen Renaissance, erlebten die Eröffnung des neuen Hofopertheaters im Jahr 1869 nicht mehr. Die scharfe Kritik an ihrem Werk (als „Bahnhof“

Weltbekannt: Die Wiener Staatsoper

verspottet) trieb van der Nüll zum Selbstmord, Siccardsburg starb kurz darauf. Kriegsbomben zerstörten 1945 das Gebäude beinahe – nur die Feststiege, der Teesalon und das Schwind-Foyer sind original erhalten.
Ein schon traditionelles Ereignis ist der alljährliche Opernball am letzten Donnerstag im Fasching.

1., Opernring 2
Führungen auf Anfrage; Tel. 51444-2250

Stadtpalais Liechtenstein B 2

1694 erwarb Fürst Liechtenstein das von Domenico Martinelli begonnene Bauwerk, das den Einfluss römischer Barockarchitekten erkennen lässt, und ließ es von Gabriel de Gabrieli vollenden.
Das Hauptportal in der Bankgasse wurde von Giovanni Giuliani mit reichem Figurenschmuck gestaltet. Von ihm stammt auch der Tritonen-Brunnen im Hof.

1., Minoritenplatz 4/Bankgasse 9

Stadtpark DE 3/4

Der größte Park der Innenstadt entstand um 1857 nach Plänen Rudolf Siebböcks auf dem ehemaligen „Wasserglacis" im englischen Landschaftsstil.
In der vom Wienfluss durchschnittenen Parkanlage stehen zahlreiche Denkmäler: Walzerkönig Johann Strauß (1825-1899) von Edmund Hellmer; weitere Komponisten wie Anton Bruckner (1824-1896) von Viktor Tilgner, Franz Schubert (1797-1828) von Carl Kundmann, Robert Stolz (1880-1975) von Rudolf Friedl, sowie die Maler Friedrich von Amerling (1803-1887) von Johannes Benk, Hans Canon (1829-1885) von Rudolf Weyr, Hans Makart (1840-1884) von Viktor Tilgner und Emil Jakob Schindler (1842-1892) von Edmund Hellmer.

1., Parkring

★ Stephansdom CD 2/3

Die Domkirche zu St. Stephan

(1147 geweiht), der Sitz des Kardinal-Erzbischofs, ist das größte sakrale Bauwerk Wiens. Der 137 Meter hohe Turm, der „Steffl", ist das Wahrzeichen der Stadt schlechthin. Von dem unter Friedrich II., dem letzten Babenberger, begonnenen spätromanischen Neubau ist die Westfassade mit dem Riesentor und den Heidentürmen erhalten. Unter Rudolf IV. dem Stifter wurde das gotische Langhaus begonnen (ab 1359), der Südturm (Stephansturm) wurde 1433 fertiggestellt. Die Arbeiten am Nordturm durch Hans Puchsbaum wurden 1511 eingestellt, ab 1556 der Glockenturm aufgesetzt. Vor allem im 19. Jh. wurden systematische Renovierungsarbeiten durchgeführt. Aber die großen Schäden durch die Kriegsbomben von 1945 erforderten grundlegende Erneuerungen bis 1961, bei denen alle österreichischen Bundesländer einen Beitrag leisteten.

Eines der bedeutendsten spätromanischen Kunstwerke in Österreich ist das **Riesentor** an der Westseite, ein rundbogiges Trichtertor mit reichem plastischem Schmuck (um 1240).

Das hochgotische dreischiffige Langhaus und der frühgotische Hallenchor, im mittleren Teil sind hier Glasfenster von 1340-1360 erhalten, beeindrucken durch das von Pfeilern getragene Netzgewölbe. An die Pfeiler wurden großteils barocke Altäre gestellt. An einem der Pfeiler schuf Anton Pilgram seine vier Meter hohe **Kanzel,** ein Hauptwerk der spätgotischen Steinmetzkunst (1514-1515), mit den vier Büsten abendländischer Kirchenlehrer (Ambrosius, Hieronymus, Papst Gregor und Augustinus); am Fuß stellte sich der Meister selbst als „Fenstergucker" dar. Am Kanzelpfeiler ist noch die **„Dienstbotenmadonna",** eine frühgotische Marienstatue von 1320, zu sehen.

Besonders verehrt wurde die unter einem Baldachin im rechten Seitenschiff neben dem Singertor stehende **„Pötscher Madonna".**

Zu den hervorragenden Sehenswürdigkeiten zählt das **Hochgrab Kaiser Friedrichs III.** (†1493) im Chorschluss, das reichste Grabmal der Gotik von Niclas Gerhaert van Leyden, in dessen rot-marmorne Grabplatte die Liegefigur des Kaisers eingemeißelt ist. Im Hochchor mit dem barocken Chorgestühl erhebt sich hinter dem modernen Volksaltar der barocke **Hochaltar** aus schwarzem Marmor von Johann Jakob Pock (1649-1670). Das herrliche Altarbild „Steinigung des hl. Stephanus" und die „Himmelfahrt Mariens" am Altaraufsatz schuf Tobias Pock. Der **Wiener Neustädter Altar** im Chorschluss ist ein reich geschnitzter, 1447 von Kaiser Friedrich III. gestifteter gotischer Flügelaltar aus der Neuklosterkirche von Wiener Neustadt. In der nördlichen Turmhalle steht das Original des **„Zahnwehherrgotts"** (Kopie an der Außenwand des Chors). Neben dem Zugang zum Lift im Nordturm (Auffahrt zur **Pummerin,** der größten Glocke Österreichs) trägt ein spätgotischer Orgelfuß (ohne Orgel) gleichfalls das Selbstporträt Anton Pilgrams. Von der nördlichen Turmkapelle kann man zu den **Katakomben** hinuntersteigen, einem weitverzweigten unterirdischen Netz von Gängen und Räumen, das als Beinhaus und, als der Friedhof auf dem Ste-

Spätgotische Kanzel von Meister Anton Pilgram im Langhaus

phansplatz zu klein wurde, als Begräbnisstätte diente. Von Joseph II. verboten, wurden sie 1872 geräumt und zugemauert. Zugänglich ist die **Herzogsgruft,** die Rudolf IV. der Stifter anlegen ließ. Seit Mitte des 17. Jh. werden hier in kupfernen Urnen die Eingeweide der Habsburger aufbewahrt.

1., Stephansplatz; Tel. 51552-3526

Führungen Mo-Sa 10.30 und 15 Uhr, So und Ftg 15 Uhr, Abendführungen mit Dachrundgang: Juni-September Sa 19 Uhr

Öffnungszeiten: Südturm (343 Stufen zur Türmerstube in 72 m Höhe), täglich 9-17.30 Uhr

Nordturm (Lift zur Pummerin), April-Okt. 8.30-17.30, Nov. bis März 8.30-17 Uhr

Katakomben (nur mit Führung), Mo-Sa 10-11.30 und 13.30-16.30 Uhr, So und Ftg 13.30-16.30 Uhr (halbstündlich)

Der **Stephansplatz** war bis 1732 Friedhof – viele Grabplatten befinden sich jetzt an der Außenseite des Domes. Beim U-Bahn-Bau wurden 1973 die Grundmauern der ehemaligen **Virgilkapelle** (6 mal 10 m) und eine **Keramiksammlung** (10-19. Jh.) entdeckt.

Öffnungszeiten: Di bis So 13-16.30 Uhr
Tel. 5135842

Synagoge D 2

Dank ihrer versteckten Lage im Hof der israelitischen Kultusgemeinde überstand diese als einzige der 94 Synagogen Wiens die Zerstörung der jüdischen Tempel im Jahr 1938. Der elliptische Zentralbau (1825-1826) ist ein Hauptwerk Joseph Kornhäusels, der auch die Inneneinrichtung schuf.

1., Seitenstettengasse 2-4

Universität AB 1/2

Von Heinrich Ferstel im Stil der Neorenaissance geplant, wurde das Gebäude 1884 auf dem Paradeplatz der k.u.k. Armee eröffnet.

1., Dr.-Karl-Lueger-Ring 1

Volksgarten B 2/3

In den Parkanlagen, die um 1820 zwischen Hofburg und Burgtheater anstelle der von den Franzosen gesprengten Burgbastei für die Wiener Bevölkerung angelegt wurde, stehen der klassizistische **Theseus-Tempel** – von Peter Nobile, 1823 für eine Theseus-Statue von A. Canova (seit 1890 im Kunsthistorischen Museum) gebaut, das **Kaiserin-Elisabeth-Denkmal** (1837-1898) von Hans Bitterlich, das Denkmal des bedeutendsten österreichischen Dramatikers **Franz Grillparzer** (1791-1872) von Karl Kundmann und Rudolf Weyr und ein Denkmal von **Julius Raab** (1891-1964), des österreichischen Bundeskanzlers zur Zeit des Staatsvertrages, von Toni Schneider-Manzell und Clemens Holzmeister.

1., Dr.-Karl-Renner-Ring

Votivkirche AB 1

Als 1853 ein Attentat auf Kaiser Franz Joseph I. misslang, regte sein Bruder und spätere Kaiser von Mexiko, Erzherzog Maximilian, den Bau der Kirche an. Heinrich Ferstel gelang, nach dem Vorbild gotischer Kathedralen Frankreichs, eines der schönsten Beispiele historisierender Architektur. In der 1879 „Zum göttlichen Heiland“ geweihten Kirche sind das Renaissance-Hochgrab des Grafen Niklas Salm (1530-1533) sowie der geschnitzte Antwerpener Altar (15. Jh.), in einer Nebenkapelle, besonders sehenswert.

9., Rooseveltplatz

Zentralfriedhof

Der größte Friedhof Wiens, eine parkähnliche, von Alleen durchzogenen Anlage, wurde 1874 eröffnet. Vom Haupteingang (Tor II) führt eine Allee zu den Ehrengräbern berühmter Persönlichkeiten aus Kunst, Wissenschaft und Politik und zur Gruft der österreichischen Bundespräsidenten.
Die **Dr.-Karl-Lueger-Gedächtniskirche** (Begräbniskirche) ist eines der wichtigsten Jugendstilbauwerke – Pläne von Max Hegele – und wurde 1910 eingeweiht.

11., Simmeringer Hauptstraße 234

Theseus-Tempel im Volksgarten

Rundgangskizze siehe Einbandklappe (Umschlag)

Der 1. Bezirk, die Innere Stadt, besitzt sehr viele Kunst- und Kulturgüter und ist sehr reich an Geschichte, die bis in die Zeit der Römer zurückreicht: Man kann viele Tage damit verbringen, durch die Straßen und Gassen zu streifen, auf Plätzen oder in Parks zu verweilen – und man wird immer wieder Neues und Interessantes entdecken. Die hier gemachten Vorschläge führen zu den bekanntesten, berühmtesten Sehenswürdigkeiten und können sozusagen als Grundgerüst für weitere Entdeckungen dienen. Die halbfett gedruckten Sehenswürdigkeiten werden im Kapitel „Sehenswürdigkeiten von A bis Z" ausführlich beschrieben.
Ein Hinweis für Autobesitzer: Man sollte vermeiden, mit dem Auto in den 1. Bezirk zu fahren, denn neben den wenigen und meist vollen Parkgaragen gibt es nur die Möglichkeit, in Kurzparkzonen zu parken (maximal 2 Stunden).
Daher: möglichst in den äußeren Bezirken parken und auf öffentliche Verkehrsmittel umsteigen (U-Bahn-Haltestellen am Stephansplatz und Karlsplatz/Oper).

Rundgang durch die mittelalterliche Altstadt

In den ältesten, den mittelalterlichen, Teil der Innenstadt, wo die Babenberger den ersten Herzogshof gründeten und zu den ältesten Kirchen führt dieser Rundgang, der etwa 3 bis 4 Stunden dauert.
Vom **Stephansdom** wenden wir uns Richtung Stock-im-Eisen-Platz, der südlich an den Stephansplatz

grenzt. Entlang der gläsernen Fassade des **Haas-Hauses** gelangt man zum **Graben,** eine der vornehmen Innenstadt-Einkaufsstraßen. Viele Straßencafés haben sich auf dem breiten Straßenplatz etabliert (Fußgängerzone). Die Gebäude stammen meist aus der 2. Hälfte des 19. Jahrhunderts, wie der Grabenhof (Nr. 14/15) oder das Haus Nr. 10 (das einzig erhaltene Geschäftshaus Otto Wagners). Ausnahmen sind das barocke Palais Bartolotti-Partenfeld von 1720 (Nr. 11) und der Generalihof (Nr. 13), eines der ersten klassizistischen Häuser von 1781 mit einem von Adolf Loos gestalteten Geschäftslokal der Firma Knize. Loos gestaltete auch die unterirdisch angelegten sehenswerten Jugendstil-Toiletten. Auf den meisten Ansichten vom Graben ist allerdings die barocke

Dreifaltigkeitssäule (Pestsäule) im Mittelpunkt. Die zwei Brunnen vor und nach der Säule – Leopolds-

Dreifaltigkeitssäule (Pestsäule) am Graben

und Josephsbrunnen – wurden von Johann Martin Fischer 1804 mit Bleifiguren ausgestattet. Durch eine rechte Seitengasse blickt man auf die barocke **Peterskirche,** die in der Enge der mittelalterlichen Gassen Platz fand. Hinter der Kirche biegen wir links in die schmale Gasse zur Tuchlauben ab – im Haus Nr. 19 kann man die **Neidhart-Fresken** besichtigen – und folgen der Steindlgasse und Seitzergasse zum Schulhof. An der Ecke zur Kurrentgasse befindet sich das **Uhrenmuseum** der Stadt Wien. Rechts neben der Kirche führt uns ein Durchgang auf den Platz **Am Hof.** Interessant ist die geschlossene Häuserzeile, in die sich auch die **Kirche Zu den Neun Chören der Engel** einreiht. Durch die Drahtgasse kommen wir zum Judenplatz, der bis 1421, dem Jahr der großen Judenverfolgung, Zentrum des Ghettos mit dem Haus des Rabbis und der Synagoge war. Vor uns wird der Platz von der Hinterfront der ehemaligen **Böhmischen Hofkanzlei** begrenzt, an der Hauptfassade in der Wipplingerstraße sind über dem großartigen Portal und schmiedeeisernen Balkon die Wappen Böhmens und Mährens zu sehen. Gegenüber, auf der anderen Straßenseite, gehen wir am **Alten Rathaus** vorbei weiter zur Salvatorgasse, wo wir einen schönen Blick zur hohen schlanken Kirche **Maria am Gestade** mit ihrer filigranen gotischen Turmspitze haben. Vorbei an der Salvatorkapelle (das Eingangsportal stammt aus der Renaissance) erreichen wir die Marc-Aurel-Straße. Im römerzeitlichen Lager Vindobona, das hier in der Gegend um den **Hohen Markt** lag, lebte Kaiser Marc Aurel und starb im Jahr 180. Die **römischen Ausgrabungen** am Hohen Markt 3 bezeugen die Bedeutung dieses Platzes zur damaligen Zeit. Der Hohe Markt wurde 1945 fast vollständig zerstört, nur der **Vermählungsbrunnen** und das Haus der Anker-Versicherung mit der sehenswerten **Ankeruhr** blieben verschont. Durch die Judengasse mit ihren Trödlerläden ist es nicht weit zur ältesten Kirche der Stadt, der romanischen

Ruprechtskirche.
Von der Vergangenheit zur Gegenwart: wir befinden uns hier im „Bermuda-Dreieck“ – dem Viertel um Ruprechtsplatz, Rabensteig, Seitenstettengasse, Salzgries, das mit einer Unmenge von Beiseln, Kneipen, Bars und seinem Musik- und Kleinkunstangebot Haupttreffpunkt der „Wiener Szene“ ist. Durch die Seitenstettengasse, dem Zentrum der Wiener orthodoxen Judengemeinde mit der **Synagoge,** gelangt man auch zur Griechischen Kirche (byzantinische Fassade von Theophil van Hansen). Das benachbarte Griechenbeisel, ein schon im 15. Jh. erwähntes Bier- und Weinhaus, zieht mit seinem malerischen Aussehen die Blicke auf sich. Von berühmten Besuchern erzählen die Unterschriften an den Wänden der Gaststube (Mozart, Strauß, Grillparzer, Mark Twain, Albert Einstein). Über den Fleischmarkt – das barocke Haus Nr.15 ist das Geburtshaus des Malers Moritz von Schwind – erreichen wir die Postgasse, wo sich vor uns die griechisch-katholische **Barbarakirche** aus dem 17. Jh. erhebt. Von hier sieht man auch zur **Dominikanerkirche.** Wir biegen in die Schönlaterngasse ein, einen der hübschesten Winkel des alten Wien und beliebtem Viertel für „In-Lokale“. Am Haus Nr. 6 ist eine Kopie der namengebenden „Schönen Laterne“ zu sehen, das **Basiliskenhaus** erzählt von der Sage eines Ungeheuers, Haus Nr. 9 ist die **Alte Schmiede,** Museum und Literaturzentrum. Den mächtigen Bau des Heiligenkreuzer Hofes kann man von hier über den ruhigen Stiftshof zur anderen Seite durchqueren. Über die Sonnenfelsgasse gehen wir weiter zum Dr.-Ignaz-Seipel-Platz, der von **Jesuitenkirche,** ehemaligem Jesuitenkloster und dem Rokokobau der **Akademie der Wissenschaften** (Alte Universität) hübsch umrahmt wird. Durch die Bäckerstraße, Essiggasse und Wollzeile – hier befindet sich im **Erzbischöflichen Palais** mit dem Zwettlhof (ehemaliger Stiftshof der Zisterziensermönche aus dem niederösterreichischen Stift Zwettl) das **Dom- und Diözesanmuseum** – nähern wir uns schon unserem Ausgangspunkt. In der nahen Domgasse können wir noch am **Mozarthaus Vienna** vorbei und durch die Grünangergasse zur Singerstraße weitergehen. Das Eckhaus Singerstraße ist das ehemalige Palais Rottal aus dem 17. Jh., gegenüber liegt das Franziskanerkloster, an welches die **Franziskanerkirche** anschließt. In der Singerstraße ist das barocke Palais Neupauer-Breuner beachtenswert, der **Fähnrichshof** auf der anderen Seite stammt aus dem Mittelalter. Von der anschließenden Blutgasse führen Hauseingänge in kleine Innenhöfe des Fähnrichshofes. Vorbei am riesigen Komplex des **Deutschordenshauses,** in den die **Deutschordenskirche** hineingebaut ist, gelangen wir am Ende der Singerstraße schließlich zurück zum Stock-im-Eisen-Platz. Der sagenumwitterte „Stock im Eisen“ steht an der Ecke zur Kärntner Straße, in den Nischen des Hauses 3-4. In den seit 1533 bezeugten Baumstumpf musste jeder auf seiner Wanderschaft vorbeiziehende Schlossergeselle einen Nagel einschlagen – so erzählt die Sage.

Rundgang durch das kaiserliche Wien

Ein angenehmer Spaziergang, der, teils durch die Fußgängerzone, teils durch die Parks und Grünanlagen der Innenstadt führend, auch erholsam ist, vermittelt uns einen Eindruck von der über 600 Jahre währenden Herrschaftszeit der Habsburger.
Dauer: 2 bis 3 Stunden.

Vom **Graben** biegen wir in den Kohlmarkt ein, eine der bekannten Hauptgeschäftsstraßen der City. Wo sich im 14. Jh. der Markt für Brennholz und Kohlen befand, entstand im Laufe der Jahrhunderte eine Prunkstraße – hier zogen die Prozessionen und Erbhuldigungszüge des Kaiserhauses von der Hofburg kommend durch und über den Graben weiter zum Stephansdom. Viele Hoflieferanten hatten hier ihre Geschäfte, u. a. auch die k.u.k. Hofzuckerbäckerei „Demel", heute eine der teuersten Konditoreien Wiens. Der Kohlmarkt öffnet sich zum **Michaelerplatz,** den der Michaelertrakt, der erst um 1890 eingefügte Teil der Hofburg, bogenförmig abschließt. Rechts an der Ecke zur Herrengasse erkennen wir das **Loos-Haus,** dessen nüchternes Aussehen unter anderem schon das Missfallen Kaiser Franz Josephs erregte, als er es von seinen Fenstern der Hofburg erblickte. Ein weiterer Teil dieser Kulisse, die von den strahlenförmig auseinandergehenden Straßen unterbrochen wird, ist die **Michaelerkirche** (ehemalige Hofpfarrkirche) an der Ostseite. Vorbei an den freigelegten römischen Ausgrabungen queren wir den Platz. Durch das prunkvolle Tor, den Haupteingang der Hofburg (hier ist auch der Eingang zu den Führungen), gelangen wir in den Innenhof (hier ist der Zugang zum **Schweizerhof** mit den Schatzkammern) mit dem Kaiser-Franz II.-Denkmal und kommen auf der anderen Seite entweder auf den **Hel-**

Sandsteinfiguren schmücken den Musensaal in der Albertina

Das MuseumsQuartier aus der Vogelperspektive

denplatz oder – wenn wir das Bellariator, den Durchgang zwischen Amalienhof und Leopoldinischem Trakt, benutzen, direkt auf den **Ballhausplatz.** Um das vor uns liegende **Bundeskanzleramt** gehen wir rechts herum in die Bruno-Kreisky-Gasse weiter zum **Minoritenplatz.** Neben dem Staatsarchiv an der Rückseite des Bundeskanzleramtes, dem frühbarocken ehemaligen Palais Starhemberg, dem Palais Dietrichstein und dem **Stadtpalais Liechtenstein** beherrscht die **Minoritenkirche** mit ihrem eigenartigen Zeltdach (die Turmspitze traf ein Geschoss während der Türkenbelagerung) den Platz. In den hier einmündenden Straßen – Regierungs-, Landhaus- und Bankgasse – sind einige Barockpaläste des altösterreichischen Adels angesiedelt, auch das Landhaus, früher Sitz der niederösterreichischen Landesregierung. Durch die Löwelstraße kehren wir zum Ballhausplatz zurück, um die schönen Anlagen des **Volksgartens** zu genießen. Am nördlichen Parkausgang stehen wir vor dem **Burgtheater,** einem der großartigen Bauwerke der **Ringstraße.** Auf dem Dr.-Karl-Lueger-Ring kann man zur **Universität** und zur **Votivkirche** weitergehen. Wir betreten auf der anderen Seite der fast 60 Meter breiten Prachtstraße den **Rathauspark,** wo zahlreiche Denkmäler die Aufmerksamkeit auf sich lenken, bevor wir die gewaltige, der Gotik nachempfundene Fassade des **Rathauses** erblicken. Durch den südlichen Teil des Parks ist schon das **Parlament** zu sehen. Die Rampenauffahrt, von den Statuen römischer und griechischer Götter gesäumt, führt zur erhöhten, griechisch anmutenden Säulen-Eingangshalle empor. Auf der anderen Seite schließt der Schmer-

Die Votivkirche erinnert an gotische Kathedralen

lingplatz mit dem Justizpalast an, in dem Park steht das Denkmal der Republik (1928). Die nächsten Bauwerke an der Ringstraße sind das **Naturhistorische Museum** und sein Spiegelbild, das **Kunsthistorische Museum.** Auf dem dazwischenliegenden Maria-Theresien-Platz erhebt sich aus den Grünanlagen das Denkmal Maria Theresias (von Kaspar von Zumbusch, 1888), der einzigen österreichischen Regentin, umgeben von bedeutenden Männern ihrer Herrschaftszeit. Hinter dem Platz ist das **Museums-Quartier Wien** zu sehen. Wir gelangen durch die Babenberger Passage auf die andere Seite des Burgrings, wo das **Äußere Burgtor** und die Neue Hofburg die Weite des Heldenplatzes umschließen und genießen im angrenzenden **Burggarten** den Weiterweg zum **Albertinaplatz.** Das Gebäude der **Albertina** erhebt sich über die Albrechtsrampe, rechts erstreckt sich der weitläufige Hanuschhof. Straßen und Gassen ziehen von hier in alle Richtungen: die Augustinerstraße zum **Josefsplatz,** die Operngasse zum Opernring. Wir folgen der Philharmonikerstraße, am berühmten **Hotel Sacher** vorbei, zur **Kärntner Straße**. Die elegante Einkaufsstraße mit Straßencafés, die stadtauswärts am **Karlsplatz** endet, bringt uns stadteinwärts zurück zum Stephansplatz. Die nach Süden führende Handelsstraße war schon um 1257 als Strata Carinthianorum, als Verbindung in das angrenzende Herzogtum Karantanien, urkundlich bekannt. In der rechts abzweigenden Annagasse ist die **Annakirche** sehenswert. Die Häuser der Kärntner Straße stammen meist aus dem 18. Jh., eine Ausnahme bildet die

Malteserkirche auf der rechten Straßenseite. Der gotische Bau erhielt eine klassizistische Fassade, beachtenswert ist das Hochaltarbild „Taufe Christi“ von Tobias Pock (Mitte 17. Jh.). Durch die Seitengassen auf der linken Seite ist es nicht weit zum **Neuen Markt,** an

„Tod und Leben" von Gustav Klimt, Leopold Museum (MuseumsQuartier Wien) Wiens bedeutendster Jugendstilmaler verwendete vor allem das Ornament als Ausdrucksmittel.

dessen südwestlichem Ende die **Kapuzinerkirche** mit der Kaisergruft liegt. Entweder durch die belebte Kärntner Straße oder durch eine der Seitengassen kehren wir wieder zum Stephansplatz bzw. Graben zurück.

MUSEEN, AUSSTELLUNGEN, GEDENKSTÄTTEN – AUSWAHL!

Die Buchstaben-Zahlenkombination verweist auf die Lage im Stadtplan (Einbandklappe)

*Hinweise auf weitere Museen erhalten Sie im Prospekt Museen & Sehenswürdigkeiten, herausgegeben vom Wien Tourismus. Mit der **Wien-Karte** wird die Stadt für Sie noch attraktiver. Einfach einsteigen in U-Bahn, Bus oder Straßenbahn (72 Stunden lang). Mit Ermäßigungen Sehenswürdigkeiten und Museen besichtigen und viele weitere Vorteile genießen. Erhältlich in Ihrem Wiener Hotel, in den Tourist-Informationsstellen und bei Verkaufsstellen der Wiener Linien.*

Akademie der bildenden Künste Gemäldegalerie B 4

1., Schillerplatz 3; Tel. 58816-225
Di bis So+Ftg 10-18 Uhr
Die bereits 1692 gegründete – und damit älteste – Kunstakademie des deutschen Sprachraumes übersiedelte 1876 in das von Theophil van Hansen errichtete Neo-Renaissancegebäude. In der Aula sollte man dem Deckengemälde „Titanensturz" von Anselm Feuerbach Beachtung schenken.
In der **Gemäldegalerie** besitzt diese international bedeutende Ausbildungstätte eine eindrucksvolle Sammlung von Meisterwerken ab dem 14. Jh.: berühmte Niederländer, Flamen und Deutsche (Bosch, Cranach, Rubens, van Dyck, Rembrandt), österreichische und italienische Meister des Barock (Gran, Maulbertsch, Kremser Schmidt, Tiepolo, Guardi), des Biedermeier (Waldmüller) und der Moderne (Boeckl, Wotruba, Hundertwasser).
Im **Kupferstichkabinett** befinden sich die weltweit größte Sammlung mittelalterlicher Baurisse sowie jeweils 30.000 Zeichnungen und Druckgraphiken – Handzeichnungen Albrecht Dürers, Paul Trogers, Aquarelle Moritz M. Daffingers, Naturstudien Friedrich Gauermanns, Blätter deutscher Romantiker u. a.

Albertina C 3

1., Albertinaplatz 1; Tel. 53483-0
Täglich 10-18 Uhr, Mi 10-21 Uhr

Albertina: Feldhase von Albrecht Dürer

Die Albertina zeigt pro Jahr sechs bis sieben hochkarätige wechselnde Ausstellungen von Dürer bis zur zeitgenössischen Kunst. Permanent zu sehen ist die Ausstellung zur Klassischen Moderne – Die Sammlung Batliner. Sie ist mit ca. 500 Werken der Klassischen Moderne von Monet über Picasso bis zu Kiefer, eine der wichtigsten europäischen Privatsammlungen. Die Albertina beherbergt außerdem die größte grafische Sammlung der Welt. Sehenswert sind die 21 original habsburgischen Prunkräume!

Alte Backstube

8., Lange Gasse 34; Tel. 4061101
Di bis Fr 11-24, Sa+So 12-24 Uhr, Mitte Juli-Ende August geschlossen.
Im ehemaligen Backhaus kann man Gebrauchsgegenstände des Bäckerhandwerks besichtigen, ein Café und Restaurant nach Altwiener Art versprechen Gemütlichkeit.

Alte Schmiede D 2

1., Schönlaterngasse 9;
Tel. 5128329
Mo bis Fr 10-15 Uhr und nach telefonischer Vereinbarung.
Im gleichen Haus befindet sich das Literarische Quartier, in dem Lesungen und Konzerte veranstaltet werden.

Alt-Wiener Schnapsmuseum

12., Wilhelmstraße 19;
Tel. 8157300
Mo bis Fr 9-17.30 Uhr, nur nach Voranmeldung!

Aspern-1809-Museum

22., Asperner Heldenplatz 9;
Tel. 0676/9535333
April-Oktober So 10-12 Uhr
Der denkwürdigen Schlacht von Aspern (1809) – erstmals wurde das Heer Napoleons von den Österreichern unter Erzherzog Karl besiegt – ist dieses kleine Museum gewidmet.

Atelier Augarten

2., Scherzergasse 1a;
Tel. 79557-113
Gustinus-Ambrosi-Museum, Skulpturengarten
Täglich, außer Mo, 10-18 Uhr

Österreichisches Barockmuseum D 5

Unteres Belvedere, 3., Rennweg 6;
Tel. 79557-0
Di bis So 10-18 Uhr
Im Ambiente der herrlichen barocken Räume und Säle des Prunkschlosses bieten sich einem hier Hauptwerke des österreichischen Barock dar: vor allem Gemälde von Martino Altomonte, Paul Troger, Franz Anton Maulbertsch und Kremser Schmidt, Skulpturen von Johann Michael Rottmayr, Georg Raphael Donner und Franz Xaver Messerschmid.
In der Orangerie zeigt das **Museum mittelalterlicher Kunst** Hauptwerke der Skulptur und Tafelmalerei vom 12. bis zum frühen 16. Jh.

Bauernfeld-Erinnerungsraum

19., Döblinger Hauptstraße 96, Villa Wertheimstein; Tel. 3686546
Sa 15.30-18, So 10-12 Uhr
Im vornehmen Wohnhaus der Biedermeierzeit wurden einige Zimmer für die Dichter Eduard von Bauernfeld und Ferdinand von Saar museal eingerichtet.

Beethoven-Gedenkstätten B 2

Pasqualatihaus
1., Mölker Bastei 8; Tel. 5358905
Di bis So+Ftg 10-13 und 14-18 Uhr
Ludwig van Beethoven wohnte in den Jahren 1804 bis 1815 zeitweise hier und komponierte unter anderem seine Symphonien 4, 5 und 7 und die Oper Fidelio.

Heiligenstädter-Testament-Haus
19., Probusgasse 6; Tel. 3705408
Di bis So+Ftg 10-13 und 14-18 Uhr

Eroica-Haus
19., Döblinger Hauptstraße 92;
Tel. 3691424
Fr 15-18 Uhr

Bestattungsmuseum

4., Goldeggasse 19; Tel. 50195-0
Nach telefonischer Voranmeldung
Einzigartiges kurioses Museum rund um den in Wien besonders gepflegten Totenkult.

Bezirksmuseen

www.bezirksmuseum.at
In jedem der 23 Wiener Bezirke konnte ein speziell auf diesen Stadtteil bezogenes Museum eingerichtet werden. Diese sind in den Ferien geschlossen!

Innere Stadt
1., Wipplingerstraße 8;
Tel. 53436-01127
Mi und Fr 15-17 Uhr

Leopoldstadt
2., Karmelitergasse 9;
Tel. 4000-02127
Mi 16-18.30, So 10-12 Uhr

Landstraße
3., Sechskrügelgasse 11;
Tel. 71134-03127+4000-03127
Mi 16-18, So 10-12 Uhr

Wieden
4., Klagbaumgasse 4;
Tel. 5817811
Di+So 10-12 Uhr

Margareten
5., Schönbrunner Straße 54;
Tel. 0676/4143861
Do 16-18 Uhr

Mariahilf
6., Mollardgasse 8; Tel. 5867868
Do+So 10-12 Uhr

Neubau
7., Stiftgasse 8; Tel. 5245052
Do 18-20, Sa 15-17 Uhr

Josefstadt
8., Schmidgasse 18; Tel. 4036415
Mi 18-20, So 10-12 Uhr
Mit Stefan-Zweig-Archiv (Fr 12-14 Uhr) und Friedrich-Hebbel-Dokumentations- und Gedenkstätte

Alsergrund
9., Währinger Straße 43;
Tel. 0676/7221933
Mi 9-11, So 10-12 Uhr
Mit Erich Fried und Doderer-Gedenkstätte und Galerie Alsergrund.

Favoriten
10., Ada-Christen-Gasse 2b;
Tel. 6898193
Do 16-19 Uhr nur an Schultagen

Simmering
11., Enkplatz 2; Tel. 74034-11127
Fr 14-17 und jeden 1.+3. So im Monat 10-12.30 Uhr

Meidling
12., Längenfeldgasse 13-15;
Tel. 8176598
Mi 10-12 und 16-18, So 10-12 Uhr
Mit Galerie Meidling

Hietzing
13., Am Platz 2; Tel. 8777688
Mi 14-18, Sa 14-17, So 9.30-12 Uhr

Penzing
14., Penzinger Straße 59;
Tel. 8972852
Mi 17-19, So 10-12 Uhr
Mit Gedenkstätte Heinz Conrads und Prof. Georg Pevetz

Rudolfsheim-Fünfhaus
15., Rosinagasse 4;
Tel. 0650/7200770
Mo 17-19, Fr 15.30-17.30 Uhr

Ottakring
16., Richard-Wagner-Platz 19b;
Tel. 4000-16127; So 10-12 Uhr

Hernals
17., Hernalser Hauptstraße 72-74 im Gebäude der Bank Austria;
Tel. 4034338
Mo 16-20 Uhr und jeden 1. und 3. So im Monat 10-12 Uhr

Währing
18., Währinger Straße 124;
Tel. 4000-18127+0676/7908506
Mo 9.30-11.30, Do 18-20,
So 10-12 Uhr

Döbling
19., Döblinger Hauptstraße 96; Villa Wertheimstein
Tel. 3686546
Sa 15.30-18, So 10-12 Uhr
Mit Weinbaumuseum
Brigittenau
20., Dresdner Straße 79;
Tel. 3305068
Do 17-19, So 10-12 Uhr
Floridsdorf
21., Prager Straße 33;
Tel. 2705194
Di 15-19, So 9.30-12.30 Uhr
Mit Galerie Mauthnerschlössl
Donaustadt
22., Kagraner Platz 53-54;
Tel. 20321/26
Mi 17-19, So und Ftg 10-12 Uhr
Liesing
23., Canavesegasse 24;
Tel. 8698896
Mi, Sa 9-12, So 10-12 Uhr

Salvador-**Dalí-Schau** C 3

1., Josefsplatz 5; Palais Pallavicini
Tel. 5122549
Täglich 10-18 Uhr

Demel- u. Marzipan-Museum C 2

1., Kohlmarkt 14;
Tel. 5351717
Do, Fr 11-16 und nach Vereinbarung!

Dokumentationsarchiv des Österr. Widerstandes C 2

1., Wipplingerstraße 8 (Altes Rathaus); Tel. 2289469-319
Mo bis Mi 9-17, Do 9-19 Uhr

Erzbischöfliches **Dom- und Diözesanmuseum** D 2

1., Stephansplatz 6, Durchgang;
Tel. 51552-3689
Di bis Sa 10-17 Uhr (außer Ftg)
Sakrale Kunst vom frühen Mittelalter bis zur Gegenwart, darunter wertvolle Stücke aus dem Stephansdom, gotische Tafelbilder und Skulpturen.

Dritte Mann Museum

4., Preßgasse 25;
Tel. 5864872
Sa 14-18 Uhr

Ephesos-Museum B 3

1., Neue Burg, Heldenplatz;
Tel. 52524-0
Täglich, außer Di, 10-18 Uhr
Zu sehen sind einzigartige Ausgrabungsstücke der bis heute noch andauernden Grabungen des Österreichischen Archäologischen Institutes in Ephesos, der kleinasiatischen Handelsstadt in späthellenistisch-römischer Zeit. Die bedeutendsten Einzelstücke sind die Bronzestatue eines Athleten (4. Jh. vor Christus), der Figurenfries vom Partherdenkmal (161-166 nach Chr.), Altar-Teile vom Artemis-Heiligtum (4. Jh. v.Chr.).

Esperanto-Museum B 2

1., Herrengasse 9; Palais Mollard;
Tel. 53410-730
Mo bis Mi, Fr+Sa 10-14, Do 15-19 Uhr

Feuerwehrmuseum C 2

1., Am Hof 7; Tel. 53199
Führungen nach tel. Vereinbarung

Fiakermuseum

17., Veronikagasse 12;
Tel. 40106-0
jeden 1. Mi im Monat 10-11 Uhr und nach tel. Vereinbarung

Österr. **Filmmuseum** C 3

1., Augustinerstraße 1;
Tel. 5337054-0
Vorführungen von internationalen Filmklassikern, Retrospektiven und

Avantgardefilmen; Oktober-Juni mehrmals täglich

Foltermuseum

6., Fritz-Grünbaum-Platz 1;
Tel. 5857185
Täglich 10-18 Uhr

Sigmund-**Freud-Museum** B 1

9., Berggasse 19; Tel. 3191596
Täglich 9-17; Führung nach Voranmeldung.
In dem 1889 erbauten Haus wohnte der Begründer der Psychoanalyse von 1891 bis 1938 (Emigration nach London). Ein Teil der 15-Zimmer-Wohnung, die großteils original erhaltenen Ordinationsräume, der Warteraum und das Arbeitszimmer wurden 1971 von der Sigmund-Freud-Gesellschaft als Museum eingerichtet.

Sigmund Freud Museum

Ernst-**Fuchs-Privatmuseum**

14., Hüttelbergstraße 26, Otto-Wagner-Villa; Tel. 9148575
Mo bis Fr 10-16 Uhr (Sa und So nach tel. Vereinbarung)

Österreichische **Galerie Belvedere**

Oberes Belvedere, 3.,
Prinz-Eugen-Straße 27;
Tel. 79557-0

Otto-Wagner-Villa/Ernst-Fuchs-Privatmuseum

Di bis So 10-18 Uhr
Alle namhaften österreichischen Maler und Bildhauer sind hier vertreten. Das erste Stockwerk beginnt mit dem 19. Jahrhundert: von den Landschaftsbildern der Romantik (Moritz von Schwind, Friedrich Gauermann, Adalbert Stifter) zum Biedermeier (Querschnitt durch das Werk des bedeutendsten Biedermeiermalers Ferdinand Georg Waldmüller, Veduten Rudolf von Alts sowie Portraits Friedrich von Amerlings) und Historismus (Hans Makart). Im 2. Stock schließt das 20. Jh. an: Gustav Klimt, Egon Schiele und Oskar Kokoschka.

Österreichisches **Gartenbaumuseum**

22., Siebeckstraße 14;
Tel. 4000-42270
Jeden 1. Do im Monat 10-18 Uhr und nach telefonischer Voranmeldung

Gedenkstätte für die Opfer des Österr. Freiheitskampfes CD 1

1., Salztorgasse 6;
Tel. 53436-90319
Mo, Do+Fr 10-13 und 14-17 Uhr

Geymüller-Schlössl

18., Khevenhüllerstraße 2;
Tel. 4793139
Besichtigung nur nach telefonischer Voranmeldung!
Im 1808 erbauten Schlössl ist die Sammlung „Sobek" untergebracht: Altwiener Uhren und Möbel aus Biedermeierzeit und Empire.

Glasmuseum (Lobmeyr) C 3

1., Kärntner Straße 26;
Tel. 5120508
Mo bis Fr 9-18, Sa 10-17 Uhr
Im ersten Stock des Glasfachgeschäftes wird mit den Exponaten historischer Gläser und der Mustersammlung des Hauses Lobmeyr erlesene Glaskunst geboten.

Globenmuseum B 2

1., Herrengasse 9; Palais Mollard; Tel. 53410-710; Mo bis Mi, Fr+Sa 10-14, Do 15-19 Uhr
Wertvolle Stücke der 150 Exponate zählenden Sammlung sind der Erdglobus von Rainer Gemma Frisius von 1535, zwei Globen von Gerard Mercator oder der Erdglobus von Peter Anich (1759).

Glockenmuseum Pfundner

10., Senefeldergasse 70;
Tel. 6043460
Wiedereröffnung im Jahr 2011!
In der alten stillgelegten Glockengießerei Josef Pfundner gibt es eine Sammlung von 80 Kirchenglocken von 1242 bis in die Neuzeit.

Gold- und Silberschmiedemuseum

7., Zieglergasse 22;
Tel. 5233388 und 5234096
Mi 15-18 und nach tel. Vereinbarung

Haus der Musik D 3

1., Seilerstätte 30; Tel. 51648-0
Täglich 10-22 Uhr

Haus der Musik

Das Haus der Musik ist im historischen Palais Erzherzog Karl untergebracht. Es macht in sieben Erlebnisbereichen Musik hör-, sicht- und spürbar. Besucher werden zum interaktiven Spiel mit Musik angeregt, erhalten musikhistorische Informationen und erleben unerwartete Klänge.
Im 1. Stock ist das **Museum der Wiener Philharmoniker** untergebracht. Ihr Gründer, der Komponist und Dirigent Otto Nicolai, lebte hier. Das weltberühmte Orchester stellt sich nun dort vor, wo vor über 150 Jahren alles begann.

Haus des Meeres A 5

6., Esterházypark; Tel. 5871417
Täglich 9-18 Uhr; Do 9-21 Uhr
Im ehemaligen Flakturm, umgeben von 2,5 m dicken Betonwänden, wurde ein über drei Etagen reichendes Vivarium eingerichtet. Erstes Seewasseraquarium Österreichs.

Haydn-Museum mit Brahms-Gedenkraum

6., Haydngasse 19; Tel. 5961307
Mi+Do 10-13 und 14-18,
Fr bis So+Ftg 10-13 Uhr

Das Museum im Wohn- und Sterbehaus des Komponisten Joseph Haydn (1732-1809) besteht schon seit 1899. In einem kleinen Ausstellungsraum werden die letzten Lebensjahre, die Johannes Brahms (1833-1897) in Wien verbrachte, dokumentiert.

Heeresgeschichtliches Museum

3., Arsenal, Objekt 18;
Tel. 79561-0
Täglich, außer Fr, 9-17 Uhr
Byzantinische Architektur diente als Vorbild für den Museumsbau, der von Ludwig Förster und Theophil van Hansen auf dem Gelände des Arsenals ausgeführt wurde (1850-1857). Das älteste geplante Museum Wiens dokumentiert die österreichische Kriegsgeschichte und die Geschichte der kaiserlichen Armee vom Dreißigjährigen Krieg bis zum Ersten Weltkrieg. Gezeigt werden wertvolle Waffen und Uniformen und – im Marinesaal – eine beeindruckende Sammlung von Schiffsmodellen der kaiserlichen Marine (später k.u.k. Marine).

Hofburg

Hofburg C 3

Schauräume siehe Sehenswürdigkeiten von A bis Z

Hofjagd- und Rüstkammer/ Sammlung alter Musikinstrumente B 3

1., Neue Burg, Heldenplatz;
Tel. 52524-0
Täglich, außer Di, 10-18 Uhr

Kaiserliches **Hofmobiliendepot Möbel-Museum Wien**

7., Mariahilfer Straße 88/Andreasgasse 7;
Tel. 5243357-0
Täglich, außer Mo, 10-18 Uhr
Diese Ausstellung zeigt Einrichtungsgegenstände aus habsburgischer Zeit und Sie entdecken Details der kaiserlichen Wohnkultur. Es ist zugleich eine Dokumentation der Wiener Möbelkunst: von den kaiserlichen Hoflieferanten über Künstler des frühen 20. Jahrhunderts. 4000 Exponate!

Sessel aus dem Appartement der Kaiserin Maria Ludovica, ca. 1810

Kaiser-Franz-Joseph-**Hutmuseum** und k. und k. **Weinschatzkammer**

8., Piaristengasse 45/Restaurant Piaristenkeller
Tel. 4060193
Täglich 18-24 Uhr, nach telefonischer Voranmeldung

Islamisches Zentrum

21., Am Bruckhaufen 3;
Tel. 2630922
Täglich, außer Fr, 9-17 Uhr
Führungen für Gruppen: Mo-Do 9-12 Uhr nach Voranmeldung

Josephinum A 1

9., Währingerstraße 25/1;
Tel. 4277-63401
Mo bis Fr 9-15 Uhr (außer Ftg) + jeden 1. Sa im Monat 10-14 Uhr
Im Museum des Instituts für Geschichte der Medizin faszinieren einzigartige menschliche Wachsmodelle, die im 18. Jh. im Auftrag Josephs II. in Florenz modelliert wurden, den Besucher.

Jüdisches Museum der Stadt Wien C 3

1., Dorotheergasse 11, Palais Eskeles; Tel. 5350431
Täglich, außer Sa, 10-18 Uhr
Im Barockpalais (18. Jh.) befindet sich seit 1993 das neu gegründete Museum. Neben den wertvollen Sammlungen (u. a. jüdische Zeremonialgegenstände) gibt es eine Bibliothek. Angeschlossen sind außerdem eine Literaturhandlung und eine Cafeteria.

Künstlerhaus C 4/5

1., Karlsplatz 5;
Tel. 5879663
Di bis So 10-18, Do 10-21 Uhr

Kunstforum Wien B 2

1., Freyung 8;
Tel. 53733
Täglich 10-19, Fr 10-21 Uhr (nur bei Ausstellungen)
Seit 1989 Österreichs größte Ausstellungshalle. Schwerpunkt des alljährlich wechselnden Programmes ist die „Klassische Moderne".

Kunsthalle Wien C 4/5

4., Karlsplatz/Treitlstraße 2;
Tel. 52189-33
Täglich 13-19 Uhr
Installationen und Performances – aktuelle Kunst (Project Space)

KunstHaus Wien

3., Untere Weißgerberstraße 13;
Tel. 7120495
Täglich 10-19 Uhr

KunstHaus Wien

In dem ebenfalls von Friedensreich Hundertwasser gestalteten Gebäude (neben dem Hundertwasser-Haus in der Löwengasse und dem Spittelauer Fernheizwerk) sind eine permanente Ausstellung seiner Werke wie auch internationale Wanderausstellungen zu sehen.

★ Kunsthistorisches Museum B 4

Hauptgebäude: Gemäldegalerie, Ägyptisch-orientalische Sammlung, Antikensammlung, Münzkabinett, Kunstkammer (derzeit geschlossen)

1., Maria-Theresien-Platz;

Tel. 52524-0

Di bis So 10-18 Uhr, Do 10-21 Uhr

Das Museum ging aus den Privatsammlungen des habsburgischen Herrscherhauses hervor und zählt zu den berühmtesten Kunstmuseen der Welt. Unter den 10 Abteilungen (einige befinden sich außerhalb des Hauptgebäudes) ist die **Gemäldegalerie** im 1. Stock das Herzstück. Am bedeutendsten sind: die Sammlung alter niederländischer und flämischer Malerei aus dem 15./16. Jh. (Jan van Eyck, Bartholomäus Bruyn, Rogier van der Weyden; Hieronymus Bosch, Jan van Scorel), die größte geschlossene Sammlung von Werken des flämischen Meisters Pieter Brueghel der Ältere (größte Sammlung der Welt); deutsche Maler des 16. Jh. (8 Bilder von Albrecht Dürer, Hans Holbein der Ältere, Lucas Cranach der Ältere, Albrecht Altdorfer); Gemälde von Peter Paul Rubens, Rembrandt van Rijn, Vermeer van Delft. Im Westflügel befinden sich Werke italienischer Meister (Raffael Santi, Giorgione, Tizian, Veronese, Tintoretto, Canaletto), spanischer (Diego Velázquez) und einiger französischer Meister.

Die **Ägyptisch-orientalische Sammlung** im Hochparterre ist eine der reichsten der Welt: neben Mumien, Sarkophagen und Grabbeigaben beeindruckt die Kultkammer des Prinzen Kaninisut (2400 vor Christus, Altes Reich).

In der **Antikensammlung** sind griechische, etruskische und römische Kunstwerke vereint.

Weiters sehenswert das **Münzkabinett** und die **Kunstkammer** (derzeit geschlossen).

Leopold Museum im MQ AB 4

7., Museumsplatz 1;

Tel. 52570-0

Täglich 10-18, Do 10-21, Ftg 10-18 Uhr

Meisterwerke des Wiener Secessionismus, der Wiener Moderne und des österreichischen Expressionismus

Die Sammlung Leopold zählt zu den weltweit bedeutendsten Sammlungen moderner österreichischer Kunst. Die weit über 5000 Exponate umfassende Kollektion, die das Sammler-Ehepaar Rudolf und Elisabeth Leopold im Laufe von fünf Jahrzehnten zusammengestellt hat, wurde im Jahr 1994 mithilfe der Republik Österreich und der Österreichischen Nationalbank in die Leopold Museum Privatstiftung eingebracht.

Das Leopold Museum präsentiert im Museumsquartier die weltweit größte Egon-Schiele-Kollektion gemeinsam mit Spitzenwerken von Gustav Klimt, Oskar Kokoschka, Richard Gerstl, Albin Egger-Lienz, Gemälden und Grafiken von Herbert Boeckl, Hans Böhler, Anton Faistauer, Anton Kolig, Alfred Kubin und Wilhelm Thöny. Dazu kommen herausragende Werke aus dem 19. Jahrhundert von Ferdinand Georg Waldmüller, Friedrich Gauermann, August von Pettenkofen, Anton Romako, Emil Jakob Schindler, Carl Schuch u. a. m.

Die Sammlung Leopold enthält darüber hinaus wesentliche Gegen-

Egon Schiele, Selbstbildnis

stände des österreichischen Kunstgewerbes aus der Zeit um 1900 von Otto Wagner, Adolf Loos, Josef Hoffmann, Koloman Moser und Dagobert Peche. Genuine Objekte aus Afrika und Ozeanien sowie Werke alter chinesischer und japanischer Kunst ergänzen die Präsentation.

Liechtensteinmuseum

9., Fürstengasse 1;
Tel. 3195767-251
Fr bis Di 10-17 Uhr
Kunstschätze von Weltrang aus den Fürstlichen Sammlungen

Möbel-Museum Wien

siehe Kaiserliches Hofmobiliendepot

Mozarthaus Vienna D 3

1., Domgasse 5;
Tel. 5121791
Täglich 10-19 Uhr
Wolfgang Amadeus Mozart wohnte hier zwischen 1784 und 1787; u. a. komponierte er hier seine Oper „Hochzeit des Figaro".

Österr. **Museum für angewandte Kunst/Gegenwartskunst MAK** E 3

1., Stubenring 5;
Tel. 71136-0
Di 10-24, Mi-So 10-18 Uhr
Hier, in einem der ältesten Kunstgewerbemuseen (1864 gegründet), befinden sich Exponate von der Romanik bis zur Gegenwart. Breiten Raum nimmt die Wiener Werkstätte (Jugendstil) ein.

Museum für Unterhaltungskunst MUK D 1

2., Karmelitergasse 9;
Tel. 0676/4604794
So 10-13 Uhr+jeden 1.+3. Do im Monat 9-21 Uhr

Museum für Völkerkunde B 3

1., Neue Burg, Heldenplatz;
Tel. 52524-0
Täglich, außer Di, 10-18 Uhr
Das Museum zählt zu den größten ethnographischen Sammlungen der Welt. Spezialgebiete sind vor allem Ozeanien mit der Sammlung Cook, Westafrika und Altmexiko.

Österr. **Museum für Volkskunde**

8., Laudongasse 15-19;
Tel. 4068905
Täglich, außer Mo, 10-17 Uhr
Im ehemaligen Gartenpalais Schönborn – von Lukas von Hildebrandt 1706 entworfen – werden Siedlungs-, Haus- und Hofformen in Form von Modellen, bäuerliche Stuben und Möbel gezeigt. Man ge-

winnt Einblick in bäuerliche und handwerkliche Arbeit, in Brauchtum, Volksmusik und Volkstanz sowie Volkskunst.

Mahnmal am Judenplatz

Museum Judenplatz Wien C 2

1., Judenplatz 8; Tel. 5350431
So-Do 10-18, Fr 10-14 Uhr

MuseumsQuartier Wien MQ AB 4

7., Museumsplatz 1;
Tel. 5235881
Das gesamte Areal ist rund um die Uhr geöffnet. Das MQ Info & Ticket Center steht den Besuchern täglich von 10-19 Uhr zur Verfügung.
Einzigartiger Ort für zeitgenössische Kunst und Kultur auf 60.000 m^2 Fläche.
Siehe Sehenswürdigkeiten A-Z
Architekturzentrum Wien: Täglich 10-19 Uhr, Tel. 5223115
Designforum: Mo bis Fr 10-18, Sa+So 11-18 Uhr, Tel. 5244949-0
Dschungel Wien – Kunst und Kultur für junges Publikum: Mo bis Fr 10.30-14.30 und 15.30-18, Sa, So+Ftg 14-18 Uhr, Tel. 5220720
Kunsthalle Wien: Täglich 10-19, Do 10-22 Uhr, Tel. 52189-1201
Leopold Museum: siehe dort
Museum moderner Kunst/Stiftung Ludwig Wien (MUMOK): Täglich 10-18, Do 10-21 Uhr, Tel. 52500
ZOOM Kindermuseum: Alle Programmangebote finden zu fixen Beginnzeiten statt. Bitte reservieren Sie Ihren Besuch, Tel. 5247908+ 5226748-1824.

Robert-Musil-Gedenkstätte

3., Rasumofskygasse 20;
Tel. 7131019
Mo bis Fr 10-13 Uhr

Österr. **Nationalbibliothek** B 3

1., Josefsplatz 1; Tel. 53410-0
Lesesäle: Oktober-Juni Mo bis Fr 9-21, Sa 9-12.45 Uhr; Juli-September Mo bis Fr 9-16, Sa 9-12.45 Uhr

Prunksaal der Nationalbibliothek

In dem mit der Hofburg verbundenen Barockbau befinden sich etwa 2,5 Millionen Bücher, allein im Prunksaal 200.000, darunter die 15.000 goldgepressten Bände der Bibliothek des Prinz Eugen. Weitere Spezialabteilungen sind: Druckschriftensammlung, Handschriften- und Inkunabelsammlung, Globen- und Kartensammlung, Papyrussammlung, Portraitsammlung, Bildarchiv und Musik- und Theatersammlung.

Naturhistorisches Museum B 3

1., Maria-Theresien-Platz;
Tel. 52177-0
Täglich, außer Di, 9-18.30, Mi 9-21 Uhr; Dachführungen: Mi 17 und 18.30 Uhr; So 14+16 Uhr; Gruppen nach Voranmeldung

Das aus der Naturaliensammlung von Kaiser Franz I. hervorgegangene Museum ist seit 1889 in dem damals fertiggestellten Zwillingsbau des Kunsthistorischen Museums untergebracht. Abteilungen: Mineralogie-Petrographie mit der weltberühmten Meteoritensammlung und dem Edelsteinsaal (117 kg schwerer Riesentopas, „Juwelenbouquet"); Geologie-Paläontologie u. a. mit Fossilien, Knochenskeletten eiszeitlicher Säugetiere wie Höhlenbären; Prähistorie – Überblick über die Kulturentwicklung, besonders im Donau- und Alpenraum (Venus von Willendorf, Fundstücke aus dem oberösterreichischen Hallstatt der Älteren Eisenzeit, der Hallstattzeit); Anthropologie, Botanik (4 Millionen Objekte) und Zoologie (u. a. 830 Wirbeltiere und Fische, je 3 Millionen Käfer und Schmetterlinge, 4 Millionen andere Insekten). Ein Saal ist speziell für Kinder eingerichtet.

Pathologisch-Anatomisches Bundesmuseum

9., Spitalgasse 2, 13. Hof „Narrenturm"; Tel. 4068672
Mi 15-18, Do 8-11 Uhr, jeden 1. Sa. im Monat 10-13 Uhr, an Ftg geschlossen

Phonomuseum

6., Mollardgasse 8;
Tel. 5811159
Mi 16-20 Uhr; Juli und August geschlossen!

Planetarium

2., Oswald-Thomas-Platz 1 (beim Riesenrad);
Tel. 7295494-0
Führungen nach telefonischer Anmeldung!

Pratermuseum

2., Oswald-Thomas-Platz 1;
Tel. 7267683
Di bis Do 10-13, Fr bis So+Ftg 14-18 Uhr

Rauchfangkehrermuseum

4., Klagbaumgasse 4/2;
Tel. 51450-2275
So 10-12 Uhr

Sammlung relig. Volkskunst C 3

in der alten Klosterapotheke im ehemaligen Ursulinenkloster
1., Johannesgasse 8;
Tel. 5121337+4068905
Mi 10-17 Uhr

★ Schatzkammer, Weltliche und geistliche B 3

1., Hofburg, Schweizerhof;
Tel. 52524-486
Täglich, außer Di, 10-18 Uhr
In 21 Räumen werden weltliche und sakrale Kostbarkeiten, Schmuck und Erinnerungsstücke aus habsburgischem Besitz von nicht schätzbarem Wert ausgestellt. Prunkstücke der Weltlichen Schatzkammer sind die Reichskleinodien des Heiligen Römischen Reiches Deutscher Nation aus dem 10./11. Jh. – Kaiserkrone, Reichsapfel, Zepter und Schwert, Reichskreuz und Reichsevangeliar (karolingischer Purpurkodex, Ende 8. Jh.) – und der sogenannte Burgunderschatz mit den Insignien des Ordens vom Goldenen Vlies.

Arnold-**Schönberg Center**

3., Zaunergasse 1-3; Tel. 7121888
Mo bis Fr (außer Ftg) 10-17 Uhr

Schokolademuseum

23., Willendorfer Gasse 2-8;
Tel. 6672110-19
Führungen Mo bis Do 14 Uhr

Schubert-Gedenkstätten Schubert-Museum (Geburtshaus) mit Adalbert-Stifter-Gedenkräumen

9., Nußdorfer Straße 54;
Tel. 3173601
Di bis So+Ftg 10-13 und 14-18 Uhr
Hier wurde Franz Schubert 1797 geboren.

Schubert-Sterbezimmer
4., Kettenbrückengasse 6;
Tel. 5816730
Fr bis So+Ftg 14-18 Uhr

Secession B 4

1., Friedrichstraße 12;
Tel. 5875307
Di bis So und Ftg 10-18, Do 10-20 Uhr
Äußeres Merkmal des Jugendstil-Gebäudes ist die filigrane, goldglänzende Kuppel, die einen stilisierten Lorbeerbaum darstellt (im Volksmund „goldenes Krauthappel"). Der Otto-Wagner-Schüler Joseph Olbrich schuf den Ausstellungsraum für die Künstlervereinigung „Secession" unter der Führung Gustav Klimts im Jahr 1898. Im Gebäude ist der 70 Quadratmeter große „Beethovenfries" (Thema ist die 9. Symphonie des Komponisten) von Gustav Klimt zu sehen – er musste von der Republik Österreich erst zurückgekauft und restauriert werden – weiters finden Wechselausstellungen zeitgenössischer Kunst statt.

Sisi Museum BC 3

1., Hofburg, Eingang unter der Michaelerkuppel
Tel. 5337570
Täglich 9-17 Uhr
Erinnerungen an Kaiserin Elisabeth – der „Mythos Sisi"

Staatsopernmuseum C 4

1., Goethegasse 1;
Tel. 51444-2100
Di bis So 10-18 Uhr

Wiener **Straßenbahnmuseum**

3., Ludwig-Koeßler-Platz;
Tel. 7909-41800
Mai bis Okt. Sa, So, Ftg 9-16 Uhr

Johann-**Strauß-Wohnung**

2., Praterstraße 54 im Donauwalzerhaus; Tel. 2140121
Di bis Do 14-18, Fr bis So+Ftg 10-13 Uhr
In den Jahren 1863-1870 lebte hier Johann Strauß Sohn, der Komponist des „Donauwalzers".

Synagoge D 2

1., Seitenstettengasse 2;
Tel. 5350431
Führungen Mo bis Do 11.30 und 14 Uhr

Technisches Museum

14., Mariahilfer Straße 212;
Tel. 89998-6000; Mo bis Fr 9-18, Sa, So+Ftg 10-18 Uhr
Im 1908 gegründeten Museum wird die Entwicklung der Technik von den Anfängen bis zur Gegenwart gezeigt. Besonderer Schwerpunkt unter den 80.000 Exponaten sind die österreichischen Erfindungen: erste Kaplan-Turbine der Welt, Marcus-Viertakt-Benzinmotor (1887), Modell der Gasanlage am Kärntnertor von 1818, Thonet-Bugholzmöbel von 1849, Ressel-Schiffsschraube (1827), Nähmaschine von Madersperger (1814). Großes Interesse erwecken die verschiedenen Werkstätten, eine Sammlung von Fahrrädern, alte Flugzeugmodelle und der Lilienthal-Gleitflieger im Freiraum des großen Saales.

Österr. **Theatermuseum** C 3

1., Lobkowitzplatz 2;
Tel. 52524-3460
Di bis So 10-18, Führungen nach Voranmeldung
1., Hanuschgasse 3; Tel. 5122427
Besichtigung nach Voranmeldung
Mit Erinnerungsräumen verschiedener Theaterpersönlichkeiten.

Uhrenmuseum der Stadt Wien C 2

1., Schulhof 2; Tel. 5332265
Di bis So+Ftg 10-18 Uhr
Im 300 Jahre alten Palais Obizzi kann man in 3 Stockwerken Uhren aus allen Epochen bestaunen.

UNO-City

22., Wagramer Straße 3-5;
Tel. 26060-3328
Führungen Mo-Fr um 11 und 14 Uhr; Gruppen nach Voranmeldung

Urania-Sternwarte E 2

1., Uraniastraße 1;
Tel. 7295494-0
Führungen Do und Sa, manchmal So abends!

Virgilkapelle/Sammlung historischer Keramik C 3

1., Stephansplatz; Tel. 5135842
Di bis So 13-16.30 Uhr

Otto-**Wagner-Wohnung**

7., Döblergasse 4;
Tel. 5232233
nach Voranmeldung

Wien Museum Karlsplatz C 4/5

4., Karlsplatz;
Tel. 5058747
Di bis So+Ftg 9-18 Uhr
In zwei Stockwerken geben über 3500 Exponate Einblick in die reiche Geschichte und Frühgeschichte, in Kunst und Kultur der Stadt. Beginnend bei Fundstücken aus der Jungsteinzeit spannt sich der Bogen vom römerzeitlichen Vindobona über das mittelalterliche Wien, die Zeit der Türkenbelagerungen, die Blütezeit des barocken Wien, den Wiener Kongreß, das biedermeierliche Wien und das Revolutionsjahr 1848 bis in die Jahre der Gründerzeit, die Ringstraßenära und erreicht mit dem Wiener Jugendstil (Wohnzimmer von Adolf Loos, Gemälde von Klimt und Schiele) das 20. Jahrhundert.

Wiener Kriminalmuseum

2., Große Sperlgasse 24;
Tel. 2144678
Di bis So 10-17 Uhr

Wiener Ziegelmuseum

14., Penzinger Straße 59;
Tel. 8972852
jeden 1. und 3. So im Monat 10-12 Uhr

Alle Angaben ohne Gewähr!

Turn- und Toilettezimmer in der Hofburg

DAS GEFÄLLT KINDERN BESONDERS

Ein Besuch im ★ **Prater** (Tel. 7292000) lohnt sich allemal: da lockt der Wurstelprater mit seinem Vergnügungspark und dem **Riesenrad**. Es kann auch eine Runde mit der Liliputbahn sein – sie fährt vom Volksprater zur Stadionallee und retour – oder ein schnelles Wildwest-Spiel auf dem Abenteuerspielplatz mit Wildwestfort und Wasserfall auf der Jesuitenwiese!

Weiters lohnt sich ein Besuch im **Planetarium** 2., Prater, Oswald-Thomas-Platz 1; Tel. 7295494; Führungen nach tel. Anmeldung.

Für kleine Astronomen ist auch die **Urania-Sternwarte** ein Erlebnis. 1., Uraniastraße 1; Tel. 7295494. Führungen am Do + Sa, manchmal auch So abends!

Tiere begeistern alle:

Im ★ **Tiergarten Schönbrunn,** dem ältesten Zoo überhaupt, warten Tiere aus aller Welt auf Besuch. Streichelzoo und Spielplatz sind auch dabei. 13., Schönbrunner Schlosspark (Hietzinger Tor); Tel. 8779294. Täglich Jan., Nov. und Dez. 9-16.30, Feb. 9-17, März und Okt. 9-17.30, April 9-18, Mai-Sept. 9-18.30 Uhr. Attraktionen sind Elefanten, Koala-, Eis- und Pandabären, Giraffen, etc. Ein Besuch lohnt sich im Regenwaldhaus, Aquarien- und Terrarienhaus. Eine Besonderheit sind die nächtlichen Zooführungen. Mit einem Restlichtverstärker kann man bei diesen Dämmer-Touren das nächtliche Leben der Tiere beobachten. Eine telefonische Voranmeldung zu diesen Führungen ist unbedingt erforderlich.

Im **Schlosspark Schönbrunn: Palmenhaus**, Tel. 8775087-406: Mai-September täglich 9.30-18, Oktober-April täglich 9.30-17 Uhr; **Wüstenhaus**, Tel. 8775087: Mai-September 9-18 Uhr, Oktober-April 9-17 Uhr; **Irrgarten und Labyrinth**, Tel. 81113-239: April-Juni und September täglich 9-18, Juli und August täglich 9-19, Oktober täglich 9-17 Uhr; **Schmetterlingshaus** im **Burggarten (Hofburg),** Tel. 5338570: farbenprächtige, exotische Schmetterlinge inmitten tropischer Gewächse. April-Oktober Mo-Fr 10-16.45, Sa, So und Ftg

Großer Pandabär im Tiergarten Schönbrunn

10-18.15 Uhr, Nov.-März täglich 10-15.45;
Im **Haus des Meeres** ist täglich um 15 Uhr Fischfütterung.
6., Esterházypark; Tel. 5871417
Täglich 9-18 Uhr

Museen für Kinder!

Kindermuseum
13., im Schloss Schönbrunn;
Tel. 81113-239
Während der Schulzeit Sa, So + Ftg 10-17 Uhr, Juli + August täglich 10-17 Uhr
„Alltagsleben der Kaiserkinder"
Kunsthistorisches Museum
1., Maria-Theresien-Platz;
Tel. 52524-0; Täglich, außer Mo, 10-18, Do 10-21 Uhr
Museum für Unterhaltunsgkunst
2., Karmelitergasse 9;
Tel. 0676/4604794
So 10-13 Uhr+jeden 1.+3. Do im Monat 9-21 Uhr
Museumsquartier MQ
7., Museumsplatz 1
Museum moderne Kunst/Stiftung Ludwig Wien/MUMOK
Tel. 52500 (Anmeldung!)
Dschungel – Wien: Zentrum für Kunst und Kultur für junges Publikum; Tel. 5220720; Mo bis Fr 10.30-14.30 und 15.30-18, Sa, So+Ftg 14-18 Uhr
ZOOM – Kindermuseum
Tel. 5247908 (Reservierung!)
Naturhistorisches Museum
1., Maria-Theresien-Platz;
Tel. 52177-0; Täglich, außer Di, 9-18.30, Mi 9-21 Uhr
Ein Dinosaurierskelett ist zu bewundern. Im eigenen Kindersaal gibt es Tiere zum Streicheln und Mineralien zum Angreifen.

Theater

Figurentheater Lilarum
3., Göllnergasse 8, Tel. 7102666;
Heuschreck, 7., Kaiserstraße 33,
Tel. 5239180
Marionettentheater im Schloss Schönbrunn/Hofratstrakt, 13.,
Tel. 8173247
Metropolino, 17., Hernalser Hauptstraße 55, Tel. 4077740-7
Minopolis – Die Stadt der Kinder
22., Wagramer Straße 2 (im Cineplexx bei der Reichsbrücke)
Tel. 0810/970270
Moki Mobiles Kindertheater, 4., Blechturmgasse 14, Tel. 5059806

Für Kinder & Jugendliche

Wiener Ferienspiel mit Spiel- und Bastelaktionen, Ausflügen, Ausstellungsbesuchen in den Sommer-, Weihnachts- und Semesterferien. Über Veranstaltungen und Freizeitangebote informieren die **wien Xtra-Jugendinfo** (1., Babenbergerstraße 1, Tel. 1799. Mo bis Sa 12-19 Uhr; Internetsurfplätze für Jugendliche) und die **wien Xtra-Kinderinfo** (1., Museumsplatz 1, im Fürstenhof des MQ, Tel. 4000-84400. Di, Mi, Do 14-19 und Fr, Sa, So + Ftg 10-17 Uhr).

Kinderfreibäder

Eine Besonderheit im reichhaltigen Angebot der Bäder Wiens: Zutritt nur für 6- bis 15-jährige Kinder, Eintritt frei. Nähere Auskünfte: Bädertelefon 60112-8044 (Mo bis Fr 7.30-15.30 Uhr).

Waldspielplätze

Neben den Spielplätzen in den Parks der Innenstadt hat die Stadt Wien zahlreiche Spielplätze in den Erholungsgebieten gestaltet.

2. Bezirk

Prater: Jesuitenwiese (Straßenbahnlinie N; Autobuslinien 4A, 80A Wittelsbachstraße); Rosenwasser beim Heustadelwasser, 2 Plätze (Autobuslinien 77A, 80B)

10. Bezirk

Laaer Wald: Böhmischer Prater, Unterwald, Löwygrube, Festwiese (alle Autobuslinie 68A Urselbrunnengasse); Vogental, Eisenbahnersportplatz (beide Autobuslinie 68A Theodor-Sickel-Gasse)

Wienerberg (Straßenbahnlinie 67 Wienerfeldgasse)

11. Bezirk

Neugebäude (Autobuslinie 73A Hörtengasse); Meidlgasse (Autobuslinie 72A, 73A Kaiserebersdorfer Friedhof)

13. Bezirk

Lainzer Tiergarten (ganzjährig geöffnet von der Früh bis zum Einbruch der Dunkelheit; Tel. 8043169): Lainzer Tor, Hermesvilla, Hirschgstemm, Rohrhaus (Autobuslinie 60B Lainzer Tor); Gütenbachtor (Autobuslinie 153 Gütenbachstraße); Hackenbergwiese (S 45, S 50, U 4, Autobuslinie 53B Hütteldorf)

Hermesvilla im Lainzer Tiergarten

14. Bezirk

Dehnepark (Straßenbahnlinie 49 Hütteldorfer Straße/Rosentalgasse); Erholungsgebiet Steinhofgründe (Autobuslinie 46B/146B Feuerwache „Am Steinhof")

16. Bezirk

Savoyenstraße (Autobuslinie 46B/146B Schloss Wilhelminenberg); Steinbruchwiese (Autobuslinie 46B/146B)

17. Bezirk

Schwarzenbergpark, Ehemaliges Rohrerbad-Gelände (beide Autobuslinie 43B Marswiese)

18. Bezirk

Michaelerwald (Autobuslinie 43B Artariastraße)

19. Bezirk

Gspöttgraben (Autobuslinie 39A Endstation Sievering); Cobenzl (Autobuslinie 38A), Josefinenhütte (Autobuslinie 38A); Krapfenwaldgasse (Autobuslinie 38A); Hermannskogel, Jägerwiese (beide Autobuslinie 38A Sulzwiese bzw. Cobenzl)

21. Bezirk

Falkenberg, Magdalenhof (beide Autobuslinie 32A Anton-Böck-Gasse); Schwarzlackenau, Christian-Bucher-Gasse (Autobuslinie 33B Überfuhrstraße)

22. Bezirk

Grünverbindung Thonetgasse (Autobuslinie 25A, 31A Eipeldauer Straße/Jüptnergasse)

23. Bezirk

Pappelteich (Autobuslinien 60A, 153 Kalksburg); Gasthaus Schießstätte (Autobuslinie 60A Maurer-Lange-Gasse/Kasernengasse)

Bisamberg, Niederösterreich: Gamshöhe, Elisabethhöhe (beide S3 Langenzersdorf, Autobuslinie 32A Strebersdorfer Platz)

Die Spanische Hofreitschule
Die älteste Reitschule der Welt wurde 1572 von Kaiser Maximilian II. gegründet. Bis heute wird hier die barocke Reitkunst, die klassische „Hohe Schule“, gepflegt. Die edlen Dressurpferde, die Lipizzaner, sind Nachkommen der im 16. Jahrhundert verwendeten spanischen Pferderasse, einer Kreuzung spanischer Pferde mit Araberpferden. Das kaiserliche Hofgestüt lag in Lipizza, im heutigen Slowenien, und war über 300 Jahre lang die Heimat der weißen Pferde. 1918, nach dem Untergang der Monarchie und der Verschiebung der Grenzen, musste das Gestüt der Hofreitschule verlegt werden. Seit 1920 befindet sich das staatliche Gestüt in Piber, in der Weststeiermark.
Die dunkelbraunen bis grauen Fohlen werden erst mit vier bis zehn Jahren reinweiß. Ab einem Alter von dreieinhalb Jahren beginnt die Ausbildungszeit der Hengste für die Vorführungen der Spanischen Hofreitschule. In dieser erreichen die Pferde die Fähigkeit, schwierige, natürliche Bewegungsabläufe zu höchster Vollendung zu bringen. Ursprünglich wurde die klassische Reitkunst im Reiterkampf angewandt und diente dem Schutz des Reiters. Bei den Vorstellungen werden die „Schulen auf der Erde“ (u. a. Piaffe, Passage, Pirouette) und die „Schulen über der Erde“ (Levade, Courbette, Capriole) gezeigt.
Die Vorführungen finden im barocken Rahmen, in der 1735 von Joseph Emanuel Fischer von Erlach erbauten Winterreitschule, statt, die Stallungen der Lipizzaner liegen gegenüber im Renaissance-Gebäude der Stallburg. Die altgedienten Hengste kehren zurück nach Piber, wo sie für weiteren Nachwuchs sorgen und noch ein hohes Alter erreichen.

Spanische Hofreitschule
1., Michaelerplatz 1
Informationen zu Vorstellungen erhalten Sie unter der Telefonnummer 5339031

Beliebte Ausflugsziele

Die Millionenstadt Wien kann sich glücklich schätzen: nicht nur im inneren Bereich sind Parks und Grünflächen ausreichend vorhanden, der die Außenbezirke umschließende Grüngürtel – Wienerwald und geschützte Aulandschaften der Donau – bietet zahlreiche Erholungsmöglichkeiten. Hier gibt es eine Vielzahl von Wanderwegen, darunter die nummerierten

STADTWANDERWEGE

1 Von Nußdorf (Endstation der Straßenbahnlinie D) durch die Weinberge hoch über der Donau, mit wunderschönen Ausblicken auf die Stadt, auf den ★ **Kahlenberg,** 484 m. Zurück über die Josefinenhütte und Kahlenbergerdorf. Gehzeit: ca. 4 Stunden (11 km).

2 Von Sievering (Endstation der Autobuslinie 39A) über die Salmannsdorfer Höhe auf den **Hermannskogel,** 542 m, die höchste Erhebung Wiens. Zurück über den Cobenzl.
Gehzeit: 3 bis 4 Stunden (10 km).

3 Von Dornbach (Endstation Autobuslinie 43B, Straßenbahn 43) über Neuwaldegg und den Schwarzenbergpark aufs **Hameau;** über den Dreimarkstein und den Michaelerwald zurück.
Gehzeit: 3 bis 4 Stunden.

Vom Weg 4 über den Wilhelminenberg ist die Kuppel der ***Kirche am Steinhof*** *auf der Baumgartner Höhe unübersehbar. Otto Wagner plante die völlig im Jugendstil errichtete Kirche (1904-1907), Koloman Moser entwarf die Glasfenster.*

Glasfenster von Koloman Moser

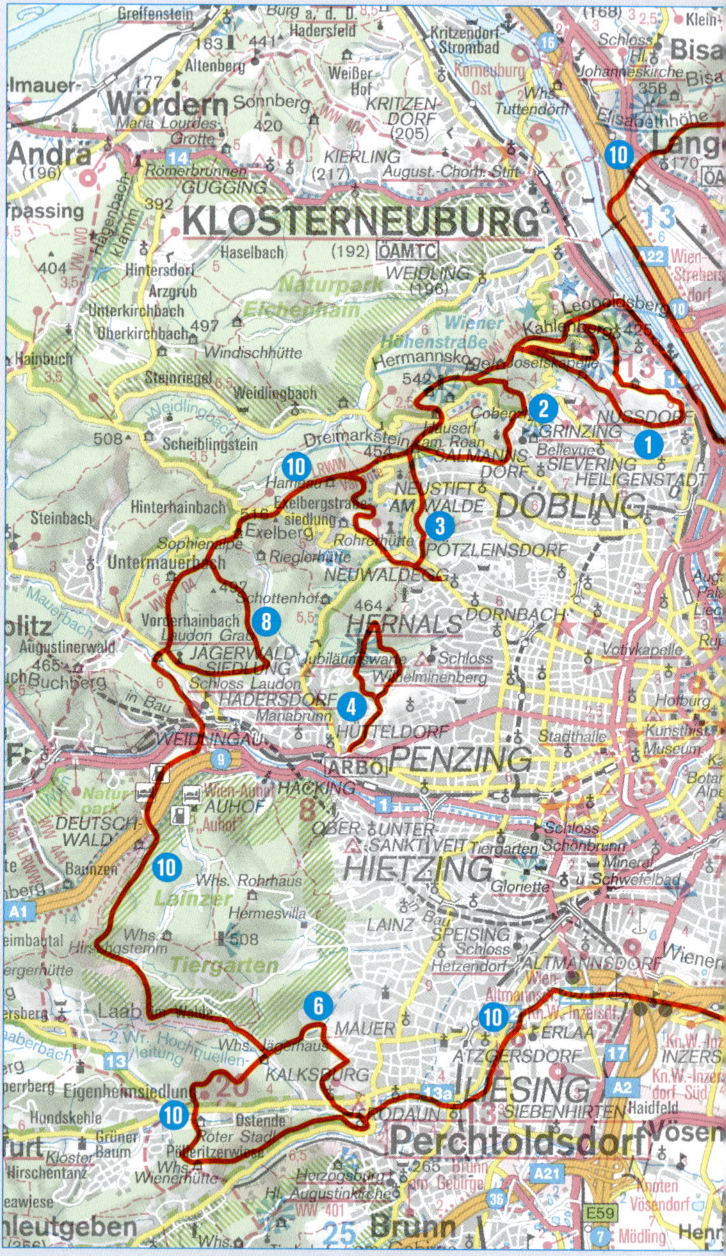

Greifenstein
Hadersfeld
Kritzendorf-Strombad
Altenberg
Wördern
Sonnberg
Weißer Hof
KRITZENDORF
Maria Lourdes-Grotte
Andrä
KIERLING
Römerbrunnen
GUGGING
August.-Chorh. Stift
KLOSTERNEUBURG
Haselbach
ÖAMTC
WEIDLING
Hintersdorf
Arzgrub
Unterkirchbach
Oberkirchbach
Naturpark Eichenhain
Wiener Höhenstraße
Leopoldsberg
Kahlenberg
Hermannskogel
Josefskapelle
Windischhütte
Steinriegel
Weidlingbach
Hainbuch
Cobenzl
NUSSDORF
GRINZING
Bellevue
SIEVERING
HEILIGENSTADT
Scheiblingstein
Dreimarkstein
SALMANNSDORF
Hameau
NEUSTIFT AM WALDE
DÖBLING
Hinterhainbach
Exelbergstraße-siedlung
Exelberg
Steinbach
Sophienalpe
Rohrerhütte
Untermauerbach
Rieglerhütte
PÖTZLEINSDORF
NEUWALDEGG
Schottenhof
HERNALS
DORNBACH
Vorderhainbach
Laudon Graben
JÄGERWALD-SIEDLUNG
Jubiläumswarte
Schloss Wilhelminenberg
Votivkapelle
Augustinerwald
Buchberg
Schloss Laudon
HADERSDORF
Mariabrunn
HÜTTELDORF
Hofburg
Stadthalle
Kunsthist. Museum
WEIDLINGAU
ARBÖ
PENZING
Wien-Auhof
AUHOF
HACKING
Naturpark
DEUTSCH-WALD
OBER-
UNTER-
SANKT VEIT
Tiergarten
Schloss Schönbrunn
Baunzen
Whs. Rohrhaus
HIETZING
Gloriette
Mineral u Schwefelbad
Lainzer Tiergarten
Hermesvilla
LAINZ
SPEISING
Schloss Hetzendorf
ALTMANNSDORF
Whs. Hirschgstemm
Laab im Walde
MAUER
ERLAA
ATZGERSDORF
INZERSDORF
2. Wr. Hochquellen-leitung
Whs. Jägerhaus
KALKSBURG
Eigenheimsiedlung
LIESING
SIEBENHIRTEN
Haidfeld
Hundskehle
Ostende
Roter Stadl
RODAUN
Perchtoldsdorf
Grüner Baum
Pölleritzerwiese
Whs. Wienerhütte
Herzogsburg
Hirschentanz
Hl. Augustinkirche
Knoten Vösendorf
Brunn
Mödling

Hagenbrunn
Föhrenhain
Kapellerfeld
Rußbachhof
HELMAHOF
Rußbach
GERASDORF
bei Wien
STAMMERSDORF
HAGE
27
DEUTSC
Oberlisse
Aderklaa
(157)
NORDRAND-SIEDLUNG
NEUSÜSSEN-BRUNN
SÜSSENBRUNN
GROSSJEDLERSDORF
GROSSFELD-SIEDLUNG
229
FLORIDSDORF
XII/2009
NEUESSLING
LEOPOLDAU
ÖAMTC
S2
Raasdorf
(156)
DONAUFELD
BREITENLEE
KAGRAN
HIRSCHSTETTEN
Wien-Hirschstetten
SCHAFFLERHOF
Donaupark
UNO City
Wien-Reichsbrücke
DONAUSTADT
Strandbad Gänsehäufel
STADLAU
KAISER-MÜHLEN
Wien-Kaisermühlen
3b
ASPERN
ESSLING
GROSS-ENZER
(156)
Messe-Gelände
Stadion
Knoten Wien-Kaisermühlen
WIEN
Lusthaus
ÖAMTC
ARBÖ
Belvedere
Prater
Napoleons Hauptquartier
Donau-Oder-Kanal
Oberhausen
Rennplatz
A4
Wien-St. Marx
Wien-Simmering
Wien-Landstraße
Mühlle
SIMMERING
NEUALBERN
E60
KAISEREBERSDORF
ALBERN
Friedhof d. Namenlosen
Krematorium
Wien-Favoriten
FAVORITEN
Knoten Schwechat
Hubertusdamm
P. A. HANSSON SIEDLUNG
Zentralfriedhof
Raffinerie
MANNSWÖRTH
S1
OBERLAA
Altkettenhof
ÖAMTC
SCHWECHAT
(163)
Liesing
KLEDERING
RANNERSDORF
UNTERLAA
Neukettenhof
Chemische-siedlung
Feldsiedlung
Aichhof
Flughafen Wien
Zwölfaxing
Katharinenhof
Lanzendorf
Wallfahrtskirche
Kartengrundlage: © MairDumont, Ostfildern

4 Von Hütteldorf/Rosentalgasse (Straßenbahnlinie 49) durch den Dehnepark zur **Jubiläumswarte.** Rückweg über den Wilhelminenberg.
Gehzeit: ca. 3 Stunden (7,2 km).

5 Von Stammersdorf (Endstation der Straßenbahnlinie 31, Bus 125) zwischen Weinbergen hindurch zum **Bisamberg,** wo weite Wiesen zum Spielen und Lagern einladen. Über das Wäldchen Herrenholz zurück nach Stammersdorf – in den Kellergassen laden Heurige zur verdienten Jause ein. Gehzeit: 3 bis 4 Stunden (10,3 km).

6 Von Rodaun (Endstation Straßenbahnlinie 60, Bus 60A) über die bewaldeten Rücken des Zugberges zur **Wiener Hütte.** Über das Tal der Reichen Liesing Richtung **Maurer Wald,** über die Antonshöhe und den Georgenberg wieder zurück. Gehzeit: ca. 4 Stunden.

7 Vom Reumannplatz (Endstation der U1, Straßenbahnlinie 6) am südlichen Stadtrand durch den Laaer Wald und den Böhmischen Prater zum Erholungspark **Laaer Berg.** Rückweg entlang der Liesing und über die Per-Albin-Hansson-Siedlung. Gehzeit: 4 bis 5 Stunden.

8 Die Wanderung über das Hochplateau der Sophienalpe mit ihren großen Buchenwäldern ist einer der typischsten Wienerwaldwege. Von Vorderhainbach am Westrand von Wien (Haltestelle Gasthaus „Grüner Jäger" der Buslinie 449) über die Mostalm zur **Sophienalpe;** über die Rieglerhütte, durch das Halterbachtal und vorbei am Laudon-Grab retour.
Gehzeit: 3 bis 4 Stunden.

9 Vom Praterstern durch den Volksprater in den Teil des **Grünen Praters,** in die ruhige und naturgeschützte Aulandschaft zwischen Donau und Donaukanal, und wieder zurück.
Gehzeit: 3 bis 4 Stunden.

10 Die große **Wien-Umrundung** (120 km) führt – unterteilt in 6 Etappen – von der Donauinsel (U 1-Station) auf den Kahlenberg, weiter nach Weidlingau, von dort nach Liesing, am Südrand der Stadt in die Freudenau, dann in die Außenbezirke jenseits der Donau nach Gerasdorf, um am Nordrand von Wien wieder zur Donauinsel zurückzukehren. Gehzeit: pro Etappe unterschiedlich 3 bis 6 Stunden.

Immer beliebt: Ein Ausflug in den Wienerwald

Lainzer Tiergarten

Vom Lainzer Tor (Endstation Buslinie 60B) zur Hermesvilla, weiter zum Rohrhaus und **Kaltbründlberg,** 508 m, über das Gasthaus Hirschgstemm zurück zum Lainzer Tor. Gehzeit: 3½ Stunden.
Der Tiergarten ist ganzjährig von der Früh bis zum Einbruch der Dunkelheit geöffnet; Tel. 4000-49200.

*Die **Hermesvilla** ließ Kaiser Franz Joseph als Jagdschloss für seine Gemahlin Sisi erbauen (1882/86 von Karl von Hasenauer). Heute sind Wechselausstellungen des Wien Museums Karlsplatz in den von Victor Tilgner und Hans Makart gestalteten Räumen zu sehen.*

Öffnungszeiten: 21. März bis 26. Oktober: Di-So und Ftg 10-18 Uhr; 27. Oktober bis 20 März: Fr-So und Ftg 10-16.30 Uhr, Tel. 8041324

Kaisermühlen an der Donau

Obere Lobau

Von Großenzersdorf (Endstation Buslinie 26A) über die Kasernbrücke durch die geschützte Aulandschaft zum Lobaumuseum (viele naturkundliche Exponate der wildreichen und botanisch bemerkenswerten Urlandschaft) weiter über Napoleonstein, Eßlinger Furt, Stadlerfurt und wieder nach Großenzersdorf. Gehzeit: 2½ Stunden (auch als Radwanderweg empfehlenswert).

Donauinsel

Zu Fuß oder per Rad von Langenzersdorf (Bahnhof) über die Brücke auf die Neue Donauinsel. (2 parallele Rad- und Fußwege). Über die Neue Donau blickt man hinüber zum Donauturm und zur UNO-City. Gehzeit: 6 Stunden (30 km), Unterbrechung möglich. Die letzte Brücke, die Wehr 2-Brücke, leitet uns ins Ölhafengelände hinüber, zur S-Bahn-Haltestelle Lobau bzw. zu Autobus-Haltestellen.

Schönbrunner Schlosspark

Spaziergang von Hietzing (U-Bahn-Haltestelle) zum Schlosspark. Durch den Park mit seinen wandartig beschnittenen Alleebäumen zur Gloriette hinauf: schöner Blick auf Wien. Weiter zum Tiroler Garten, vorbei am Palmen- und Wüstenhaus und anschließend zum Tiergarten. Gehzeit (ohne Besichtigungen): 2 Stunden.

Naturlehrpfade

Laaer Wald (10. Bezirk)
Neugebäude (11. Bezirk)
Lainzer Tiergarten (13. Bezirk)
Dehnepark (14. Bezirk)
Wilhelminenberg (16. Bezirk)
Schafberg (18. Bezirk)
Bisamberg (21. Bezirk)
Lobau (22. Bezirk)
Donaupark-Vogelschutzlehrpfad (22. Bezirk)
Maurer Wald (23. Bezirk)
Naturlehrpfad Purkersdorf

AUSFLÜGE IN DIE UMGEBUNG

Baden – Gumpoldskirchen

Die Kurstadt Baden, 20 km südlich von Wien, war besonders seit Beginn des 19. Jh. sehr beliebt bei den Wienern, auch eine Reihe von Künstlern zog es hierher und Kaiser Franz I. verbrachte zwischen 1803 und 1834 die Sommermonate hier. Ein Besuch kann auch mit einer Wanderung in den berühmten Weinbauort Gumpoldskirchen verbunden werden, wobei man den Beethovenweg Nr. 40 benutzt. Rückweg entlang der Ersten Wiener Hochquellenleitung. Gehzeit: 4½ Stunden.

Baden bei Wien, Hauptplatz

Heiligenkreuz

Das im 12. Jh. gegründete Zisterzienserkloster beherrscht den im südlichen Wienerwald (34 km von Wien) gelegenen Ort. Sehenswert ist die romanische Stiftskirche mit wertvollen Glasfenstern (um 1300), reichgeschnitztem barocken Chorgestühl von Giovanni Giuliani (1707) sowie Altarbildern von Johann Michael Rottmayr und Martino Altomonte. Im gotischen Kapitelsaal sind 13 Babenberger bestattet. Weitere Sehenswürdigkeiten besitzt das Stiftsmuseum.
In der Nähe liegt das ehemalige Jagdschloss **Mayerling** (jetzt Kloster), wo sich 1889 die Tragödie um Kronprinz Rudolf und Baronesse Mary Vetsera abspielte.

Augustiner-Chorherrenstift Klosterneuburg

Klosterneuburg

Umgeben von Weinbergen, liegt die Stadt 12 Kilometer nördlich von Wien an der Donau. Berühmt ist der einstige Sitz der Babenberger durch das Augustiner-Chorherrenstift, einen der größten österreichischen Weinproduzenten. Besonders sehenswert sind der „Verduner Altar“ in der Stiftskirche und das barocke Stiftsgebäude mit dem Stiftsmuseum (u. a. ein Stammbaum der Babenberger und die frühgotische „Klosterneuburger Madonna“). Die größte Stiftsbibliothek Österreichs (etwa 200.000 Bände) ist nur für wissenschaftliche Arbeiten zugänglich.

Marchfeld

In dieser fruchtbaren Landschaft östlich von Wien, der „Kornkammer Österreichs“, begegnet man reizvollen barocken Schlössern. In dem ehemals bevorzugten Jagdgebiet vor den Toren der Residenz bauten sich viele Adelige ihre Schlösser und Jagdsitze (Schloss Eckartsau, Niederweiden, Schlosshof, Marchegg).
Ein beliebtes Ausflugsziel im nördlichen Marchfeld ist Gänserndorf mit seinem in Österreich einzigartigen **Safaripark.** Im großen Freigelände begegnet man Elefant, Zebra & Co. fast wie in freier Wildbahn.

Petronell-Carnuntum

Etwa 42 Kilometer donauabwärts sind im Gemeindegebiet von Petronell Ausgrabungen der einst bedeutenden Römerstadt Carnuntum zu besichtigen (Freilichtmuseum). Auch das Museum Carnuntinum im benachbarten Deutsch Altenburg gibt Einblick in die römische Provinzialkultur der ersten vier Jahrhunderte nach Christus.

Schlosspark Laxenburg

Lohnend ist ein Ausflug in den Ort Laxenburg im Südosten Wiens (15 km). Im ehemaligen kaiserlichen Schloss weilte der Hof vorwiegend auf Sommerfrische. Ein Rundgang durch den Schlosspark mit seinen jahrhundertealten Bäumen, ein Beispiel romantischer Gartenbaukunst, dauert etwa 1¼ Stunden.

Empfehlenswert für Wanderungen und Ausflüge: *KOMPASS Wanderkarten 205 Wien und Umgebung, 208 & 209 Wienerwald, 228 Wiener Hausberge – Schneeberg – Rax; KOMPASS-Wanderführer 5634 Wien und Umgebung.*

Wichtige Hinweise – Tipps – Informationen

Telefonvorwahl von Wien: 01 – Postleitzahlen: 1010 – 1230 Wien

AUSKUNFT

Tourist-Information
1., Albertinaplatz; Tel. 24555;
tägl. 9-19 Uhr

Wien Tourismus
Auskünfte und Hotelbuchungen
Tel. 24555, Fax 24555-666
tägl. 9-19 Uhr
info@wien.info • www.wien.info

Stadtinformation im Wiener Rathaus, 1., Friedrich-Schmidt-Platz; Tel. 52550; Mo bis Fr 8-18, telefonische Auskünfte Sa 9-14 Uhr

wien Xtra-Jugendinfo
1., Babenbergerstraße 1, Tel. 1799. Mo bis Sa 12-19 Uhr; Internetsurfplätze für Jugendliche vorhanden

wien Xtra-Kinderinfo
1., Museumsplatz 1, im Fürstenhof des MQ, Tel. 4000-84400.
Di, Mi, Do 14-19 und Fr, Sa, So + Ftg 10-17 Uhr.

Niederösterreich-Werbung
nur telefonische Auskünfte und Prospektbestellung;
Tel. 53610-6200

Österreich-Information
4., Margaretenstraße 1;
Tel. 5872000, Fax 58866-48

Österreichisches Verkehrsbüro AG
1., Friedrichstraße 7;
Tel. 58800-100

Für Bahnreisende – Reisebüros
Franz-Josef-Bahnhof, Tel. 93000-31020
Mitte-Bahnhof, Tel. 93000-31070
Südbahnhof, Tel. 93000-31050
Westbahnhof, Tel. 93000-31060

Für Flugreisende
Tourist-Information in der Ankunftshalle des Flughafens Wien-Schwechat, tägl. 6-23 Uhr

Für Schiffsreisende
Rundfahrten und Tanzabende von Mai bis Oktober; Buchungen und Informationen bei der DDSG Blue Danube Schifffahrt GmbH,
1., Friedrichstraße 7, Tel. 58880-0

Das „Sacher", eine Wiener Institution

UNTERKUNFT

Über das Angebot an **Hotels und Pensionen** in Wien informiert der Wien Tourismus – die Wiener Hotelliste erscheint in einer Sommer- und Winterausgabe –, außerhalb der Stadt die Niederösterreich-Werbung.
Die Mitwohnzentrale vermittelt **Privatzimmer** und **-wohnungen** (Kurzaufenthalte ab 3 Tagen):
7., Westbahnstraße 17;
Tel. 4026061; Mo bis Fr 10-18 Uhr

Jugendherbergen
Turmherberge „Don Bosco", 3., Lechnerstraße 12; Tel. 7131494; März bis Nov. geöffnet

Jugendherberge Myrthengasse/Neustiftgasse, 7., Myrthengasse 7; Tel. 5236316; Fax 5235849; ganzjährig geöffnet

Kolpinghaus Wien-Meidling, 12., Bendlgasse 10-12; Tel. 8135487, Fax 8122130; ganzjährig geöffnet

Jugendgästehaus der Stadt Wien Hütteldorf-Hacking, 13., Schlossberggasse 8; Tel. 8770263, Fax 87702632; ganzjährig geöffnet

Jugendherberge Hostel Ruthensteiner, 15., Robert-Hamerling-Gasse 24; Tel. 8934202; ganzjährig geöffnet

Schlossherberge am Wilhelminenberg, 16., Savoyenstraße 2; Tel. 4810300, Fax 4810300-13; ganzjährig geöffnet

Haus Döbling, 19., Gymnasiumstraße 85; Tel. 3695490-0; Juli bis Sept. geöffnet

Jugendgästehaus Wien Brigittenau, 20., Friedrich-Engels-Platz 24; Tel. 3328294-0, Fax 3308379; ganzjährig geöffnet

Jugendgästehaus, 6., Hirschengasse 25, Tel. 5977600

Auskunft: Österreichisches Jugendherbergswerk (ÖJHW), 1., Helferstorfer Straße 4; Tel. 5331833

Österreichischer Jugendherbergsverband, 1., Schottenring 28; Tel. 5335353

Niederösterr. und Wiener Jugendherbergswerk, 7., Neustiftgasse 7; Tel. 5220679

Campingplätze
Stadt Wien West I, 14., Hüttelbergstraße 40; Tel. 9142314, Fax 9113594; Mitte Juli bis August

Stadt Wien West II, 14., Hüttelbergstraße 80; Tel. 9142314, Fax 9113594; ganzjährig geöffnet (Feber geschlossen)

Aktiv Camping „Neue Donau", 22., Am Kleehäufl/Am Kaisermühlendamm 119; Tel. 2024010, Fax 2024020; April bis Mitte September

Camping Rodaun, 23., An der Au 2/Breitenfurterstraße 487; Tel. = Fax 8884154; Mitte Mai bis Mitte Oktober

Camping Süd, 23., Breitenfurterstraße 296; Tel. 8673649, Fax 8675843 Juni bis August

Klosterneuburg Donaupark-Camping, 3400 Klosterneuburg, In der Au 4; Tel. 02243/25877

Fremdenführervermittlung
www.wienguide.at
Tel. 4899674 + 0664/2604388
www.viennaguideservice.at
Tel. 7862400

Die Fremdenführer sind an ihrem amtlichen Fremdenführerabzeichen zu erkennen und weisen sich zudem mit ihrem Ausweis aus.

Stadtspaziergänge
Die Wiener Fremdenführer bieten über 50 Spaziergänge (auch fremdsprachige) zu Spezialthemen der Stadt Wien an. Streifzüge durch die Epochen der Stadt, Einblicke in die Sagen, Legenden und die Kriminalchronik Wiens sind hier ebenso möglich, wie das unterirdische Wien kennenzulernen oder den Spuren Mozarts, Beethovens, Schuberts, Freuds oder des „Dritten Mannes“ (Originalschauplätze des Films) zu folgen (Dauer ca. 2 Stunden, Teilnehmerzahl 3 bis 25 Personen). Aktuelles Programm/Prospekte bei Tourist-Information, 1., Albertinaplatz/Maysedergasse; Tel. 24555.

Stadtrundfahrten (Bus)
Wer möglichst viele Sehenswürdigkeiten der Stadt möglichst schnell sehen möchte, liegt hier richtig.
Vienna Sightseeing Tours, 4., Weyrinergasse 28a-30 (Eingang Goldeggasse 29)
Tel. 7124683-0
Cityrama Sightseeing Reisebüro, 1., Börsegasse 1; Tel. 53413-0
Rundfahrten „Modernes Wien“, Rathausinformation;
Tel. 4000-81050
Alternative Stadtrundfahrten Stattwerkstatt, Verein zur Vermittlung des wirklichen Wien, 9., Kolingasse 6; Tel. 3173384
Per Pedes, Stadt- & Kulturführungen, 5., Einsiedlergasse 6;
Tel. = Fax 5449668

Schiffsrundfahrten
Dreistündige Rundfahrten (auch Teilstrecken möglich) von Mai bis Oktober, Abfahrt bei der Station der Donau-Dampfschifffahrtsgesellschaft (DDSG) Schwedenplatz und abendliche Tanzfahrten. Buchungen und Informationen bei der DDSG, 1., Blue Danube, Schifffahrt GmbH, Friedrichstraße 7, Tel. 58880-0

Oldtimer-Tramway
Fahrt mit einer Tramway aus dem Jahr 1929: von der Altstadt zum Kaiserschloss Schönbrunn und zum Riesenrad;
Einsteigstelle: Karlsplatz/Otto-Wagner-Pavillon; Anfang Mai bis Anfang Okt. an allen Sa 11.30 + 13.30, So und Ftg 9.30, 11.30 und 13.30 Uhr; Dauer ca. 1 Stunde
Buchung: Tel. 7909-100

Radführungen
Sportliche können die Architektur der Ringstraße, den Wiener Jugendstil oder den „Urwald Wiens“ in der Lobau vom Sattel aus kennenlernen. Information:
Bike & Guide, 22., Gartensiedlung Mexiko 29; Tel. = Fax 2121135

Fiaker
Die traditionellen Wiener Pferdekutschen bieten 2 Rundfahrten: Altstadtrunde ca. 20 Minuten, Altstadt und Ringstraße ca. 30 Minuten. Standplätze der Fiaker: Stephansplatz, Albertinaplatz, Heldenplatz.

Stadtrundflüge
Informationen am Flughafen Wien-Schwechat; Tel. 7007-0

Augartenporzellan

REISE UND VERKEHR

Reisen mit dem Auto

Automobilclubs

Landeszentrum ARBÖ, 15., Mariahilfer Straße 180; Tel. 050123-2000

Landessekretariat ÖAMTC, 1., Schubertring 1-3; Tel. 71199

Pannendienste
ARBÖ 123
ÖAMTC 120

Autovermietung

Arac: 23., Brunnerstraße 85; Tel. 86616-0, Fax 8693714
Avis: 1., Opernring 5; Tel. 5876241 und 5874900; am Flughafen Wien-Schwechat, Tel. 7007-32700
Barnea: 6., Esterházygasse 6; Tel. 5862454
Buchbinder: 3., Schlachthausgasse 38; Tel. 71750-0, Fax 71750-22
Europcar: 1., Schubertring 9; Tel. 7146717, Fax 7121279
Flott: 6., Mollardgasse 44; Tel. 5973402-0, Fax 5967429
Hartl: 5., Margarethengürtel 41; Tel. 5444343, Fax 5444343-9
Hertz: Stadtbüro, 1., Kärntner Ring 17, Tel. 5128677, Fax 5125034
Weitere im Branchenverzeichnis Wien unter „Autoverleih“

Reisen mit der Bahn

Westbahnhof: Kopfbahnhof der Westbahn Richtung Westösterreich, Deutschland, Schweiz, Italien
Südbahnhof: Kopfbahnhof der Süd- und Ostbahn Richtung Südösterreich, Italien, Ungarn, Slowenien, Kroatien
Franz-Josefs-Bahnhof: Kopfbahnhof der Nordbahn Richtung Nordostösterreich, Slowakei, Tschechien
Bahnhof Wien-Mitte: Schnellbahnverbindungen
Bahnhof Nord/Praterstern: Lokalverbindungen
Fahrplan- und Preisinformationen und Ticketbestellungen Tel. 05/1717 (österreichweit zum Orts-

tarif!), täglich 0-24 Uhr
www.oebb.at
ÖBB = Österreichische Bundesbahnen Zentrale Rufnummernauskunft: Tel. 93000
Reisebüro am Franz-Josef-Bahnhof Tel. 93000-31020
Reisebüro am Bahnhof Wien Mitte Tel. 93000-31070
Reisebüro am Südbahnhof Tel. 93000-31050
Reisebüro am Westbahnhof Tel. 93000-31060

Reisen mit dem Flugzeug

Internationaler Flughafen Wien-Schwechat (19 km südöstlich des Stadtzentrums), Tel. 7007-22233 (allgemeine Flugauskünfte 0-24 Uhr)
Der schnellste Weg von Landstraße/ Wien Mitte zum Flughafen: **City Airport Train (CAT)**, Fahrzeit 16 Minuten (Preis 9 Euro) oder mit der **S 7 (Schnellbahn)**.

Fluglinien

Flugticketbörse: 1., Opernring 1, Tel. 5854200
Air France: 1., Kärntner Straße 49, Tel. 50222-2400 (Reservierung), Fax 5139426
Alitalia: 1., Kärntner Ring 2, Tel. 5051710; Flughafen Schwechat, Tel. 7007-32643
Austrian Airlines: 10., Fontanastraße 1; Tel. 05/1789, Fax 05/1766-4230; Flughafen Schwechat, Tel. 05/1789
Austrian Airtransport (Inlandsflugdienst): 10., Fontanastraße 1, Tel. 05/1789
British Airways: 1., Kärntner Ring 10, Tel. 79567-567 und 5057694, Fax 5050792; Flughafen Schwechat, Tel. 7007-32646
KLM: 1., Kärntner Straße 23, Tel. 51646, Fax 51646-34
Lufthansa: 6., Mariahilfer Straße 123, Tel. 0810/10258080
Lauda Air: 1., Opernring 6, Tel. 7000-76730; Flughafen Schwechat, Tel. 7000-777, Fax 7000-5777
Swiss International Air Lines: 6., Mariahilfer Straße 123, Tel. 59911-705 + 0810/810840; Flughafen Schwechat, Tel. 7007-35501

Stadtverkehr

Die Parkmöglichkeiten in der Innenstadt sind sehr begrenzt, deshalb: das Auto weiter außerhalb parken (Parkplätze, Parkgaragen, Park + Ride) und auf öffentliche Verkehrsmittel umsteigen! Zufahrten zu Hotels im Stadtzentrum möglich – nächstmögliche Parkmöglichkeit wird gezeigt.

Der **1.** (Altstadt) **bis 9., 20.** und Teile des **15. Bezirkes** sind **gebührenpflichtige Kurzparkzonen:**
1. – 9. + 20. Bezirk: Mo bis Fr 9-22 Uhr, ausgenommen Feiertag. Parkdauer: maximal 2 Stunden.
15. Bezirk ("Stadthallen"-Nähe): 1.9. – 30.6., täglich 18-23 Uhr. Parkdauer: maximal 2 Stunden. Den ausgefüllten Kurzparkschein hinter die Windschutzscheibe legen. Kurzparkscheine erhältlich in allen Banken, vielen Tabak-Trafiken und bei Vorverkaufsstellen der Wiener Linien. Gäste mit Handicaps parken mit ihrem Behindertenausweis gemäß Behindertenausweisverordnung hinter der Windschutzscheibe in den Kurzparkzonen unbegrenzt.
Parkgaragen im 1. Bezirk (Auswahl)
Parkhaus City: Wollzeile 7, Einfahrt am Stephansplatz, hinter dem Dom; Opern-Garage: Kärntner Straße 51 (mit direktem Zugang zur

Oper); Garage Am Hof; Garage Wipark: Freyung; Rathauspark-Garage: Dr.-Karl-Lueger-Ring; Votivpark-Garage: Schottenring-Unterführung, Einfahrt Universitätsstraße; Garage am Beethovenplatz: Einfahrt Ecke Kantgasse/Fichtegasse; Garage am Schwedenplatz: Einfahrt Marc-Aurel-Straße

Öffentliche Verkehrsmittel
Mit U-, Schnell- und Straßenbahn und Autobus ist jeder Punkt der Stadt schnell und bequem erreichbar – und auch preisgünstig. Kinder bis zum vollendeten 6. Lebensjahr fahren gratis. Freifahrt für Kinder bis zum vollendeten 15. Lebensjahr an allen Sonn- und Feiertagen und in der Ferienzeit der Wiener Schulen. Die Fahrkarten gibt es bei den Vorverkaufsstellen der Wiener Linien und in Tabak-Trafiken.

Folgende Tickets gibt es: 24 und 72 Stunden-Wien-Karte, 8-Tage-Karte (auch für mehrere Personen geeignet – pro Person wird pro Tag ein Streifen entwertet) und Wochenkarte. Einzelfahrscheine gibt es – erheblich teurer – auch in den Straßenbahnen und Bussen (Fahrscheinautomat, Münzen bereithalten).
Betriebszeiten: Straßenbahnen und U-Bahnen von ca. 5 bis ca. 24 Uhr, Autobusse meist ab ca. 6.30 Uhr. In den Nächten verkehren **Nachtautobusse (Nightliner);** diese bestehen zwischen den Außenbezirken und dem Schwedenplatz im Zentrum (Fahrscheine nur im Automaten im Bus erhältlich).

Günstiger mit der Wien-Karte
Damit wird Wien für Sie noch attraktiver. Einfach einsteigen in Bus, U- oder Straßenbahn (72 Stunden lang). Mit Ermäßigungen Sehenswürdigkeiten und Museen besichtigen und viele weitere Vorteile genießen. Erhältlich in Ihrem Wiener Hotel, in den Tourist-Informationsstellen und bei Verkaufsstellen der Wiener Linien.

Informationsdienst & Vorverkaufsstellen der Wiener Linien
www.wienerlinien.at

Direktion, 3., Erdbergstraße 202, Tel. 7909-0

Kundenzentrum, 3., Erdbergstraße 202, Mo, Di, Mi 8-15, Do 8-17.30 und Fr 8-15 Uhr

Telefonische Auskunft: 7909-100 Mo bis Fr 6-22, Sa, So, Ftg 8.30-16.30 Uhr

Mo bis Fr 6.30-18.30, Sa, So, Ftg 8.30-16 Uhr
1., Karlsplatz/Fußgängerpassage
1., Stephansplatz
15., Westbahnhof

Mo bis Fr 8-15 Uhr
3., Erdberg

Mo bis Fr 6.30-18.30 Uhr
2., Praterstern
3., Landstraße
9., Schottentor
12., Philadelphiabrücke
21., Floridsdorf (U-Bahnstation)

Verkehrsverbund Ost-Region
(VOR www.vor.at):
6., Mariahilfer Str. 77-79,
Tel. 5266048, VOR-Info Hotline,
Tel. 0810/222324 (zum Ortstarif).
Mo-Fr 7-20, Sa 7-14 Uhr

Netzplan der öffentlichen Verkehrsmittel bei den Informations- und Vorverkaufsstellen der Wiener Linien erhältlich.

Taxis
In der Stadt gibt es über 100 telefonisch erreichbare Taxi-Standplätze. Funktaxizentrale: 23., Pfarrgasse 54; Tel. 40100

VOR

UNSERE LINIEN
IM VERKEHRSVERBUND NÖ-BGLD

Regional-, S- und U-Bahnlinien

S- und Regionalbahnlinie mit Station
Regionalbahnlinie mit Station
U-Bahnlinie mit Station
Lokalbahn Wien-Baden mit Station
Strecke außerhalb des Verbundbereichs

115 Fahrplanbildnummer
S 9 / S 50 S-Bahn Endstelle/nicht im Takt
U1 U2 U3 U4 U6 Linienbezeichnung U-Bahn
Park and Ride - Anlage
Park and Ride - Anlage, kostenpflichtig

Liegen sowohl Einstiegs- als auch Ausstiegsort nicht in Wien, NÖ. oder Bgld., so kommt der Verbundtarif des jeweiligen Bundeslandes zur Anwendung.

und U-Bahnlinien

Mariahilfer Straße 77-79, A-1060 Wien
T: +43/1/526 60 48 - 0
F: +43/1/526 60 48 - 106
E: office@vor.at
Online: www.vor.at
Hotline: 0810 22 23 24
VVNB-SD-04-PR/2
Grafik: Hans Erich Riedl

Blick auf die Albertina

Empfangssalon

Musensaal

Backhendl aus der traditionellen Wiener Küche

Essen und Trinken

Die gastronomischen Möglichkeiten Wiens sind unerschöpflich.
Von Restaurants aller Preisklassen, wo die Auswahl von der typischen Wiener Küche bis zu ausländischen Spezialitäten reicht, über Altwiener Gasthäuser und Beisel (urwienerisches Lokal des kleinen Mannes, einfach und billig), zu den traditionsreichen Kaffeehäusern und schließlich – was wäre ein Wien-Besuch ohne ihn – den Heurigen (Lokal, wo der junge Wein ausgeschenkt wird).
Ein Nachteil: viele Restaurants haben sonntags geschlossen.
Eine gute Übersicht der Lokalitäten gibt der Prospekt „Einkaufen, Essen und Trinken" vom Wien Tourismus. Hier eine kleine Auswahl:

Restaurants

Altes Faßl, 5., Ziegelofengasse 37; Tel. 5444298

Altwiener Hof, 15., Herklotzgasse 6; Tel. 8926000 (Luxusklasse, französische Küche)

Bei Max, 1., Landhausgasse 2; Tel. 5337359

Drei Husaren, 1., Weihburggasse 4; Tel. 5121092 (Luxusklasse)

Figlmüller, 1., Wollzeile 5; Tel. 5126177

Hauswirth, 6., Otto-Bauer-Gasse 20; Tel. 5871261 (obere Preisklasse)

Hopferl, 1., Naglergasse 13; Tel. 5332641

Korso, 1., Mahlerstraße 2 (Hotel Bristol, Luxusklasse); Tel. 51516-546

Ofenloch, 1., Kurrentgasse 8; Tel. 5338844

Oswald und Kalb, 1., Bäckerstraße 14; Tel. 5121371
Rimini, 5., Hauslabgasse 23; Tel. 5444356
Salm Bräu, 3., Rennweg 8 Tel. 7995992
Steirereck, 3., Rasumofskygasse 2; Tel. 7133168 (Luxusklasse)
Urbani Keller, 1., Am Hof 12; Tel. 5339102 (Zithermusik)

Kaffeehäuser
Bräunerhof, 1., Stallburggasse 2; Tel. 5123893
Central, 1., Herrengasse 14 (Palais Ferstel); Tel. 5333763
Diglas, 1., Wollzeile 10; Tel. 51257650
Drechsler, 6., Linke Wienzeile 22; Tel. 5812044
Eiles, 8., Josefstädter Straße 2; Tel. 4053410
Gerstner – k & K Hofzuckerbäckerei, 1., Kärntnerstraße 11-15; Tel. 5124963
Gloriette, 13., Schlosspark Schönbrunn; Tel. 8791311
Hawelka, 1., Dorotheergasse 6; Tel. 5128230
Landtmann, 1., Dr.-Karl-Lueger-Ring 4; Tel. 24100-0
Museum, 1., Friedrichstraße 6; Tel. 5865202
Oper Wien, 1., Herbert-von Karajan-Platz 1; Tel. 5133957
Sacher, 1., Philharmonikerstraße 4; Tel. 514560
Sperl, 6., Gumpendorfer Straße 11; Tel. 5864158
Tirolerhof, 1., Tegetthoffstraße 8; Tel. 5127833

Kulinarischer Hinweis: Originalrezepte der Wiener Küche enthalten die KOMPASS-Küchenschätze „Wiener Spezialitäten“, Verlagsnummer 1709 und „Das kleine Österreichische Kaffeebuch“, Verlagsnummer 1736 erschienen im Verlag KOMPASS-Karten GmbH.

Heurige
In den alten Weinbauorten am Stadtrand von Wien wie Grinzing, Sievering, Neustift, Heiligenstadt, Nußdorf, Großjedlersdorf, Mauer, Oberlaa, Ottakring oder Stammersdorf und Strebersdorf gibt es zahlreiche dieser Lokale mit der typischen Wiener Heurigenatmosphäre, wo der Wein der letzten Ernte (Heuriger) ausgeschenkt wird; dazu werden kleine Imbisse gegessen, die man sich selbst vom Buffet holt.

Gute Stimmumg beim Heurigen

Szene, In-Pubs
Aera, 1., Gonzagagasse 11; Tel. 5335314
Das Möbel, 7., Burggasse 10; Tel. 5249497
Daun-Kinsky, 1., Freyung 4; Tel. 5326271-0
Depot, 7., Breite Gasse 3; Tel. 5227613
Do & Co., 1., Stephansplatz 12/ Haas-Haus, 7. Stock; Tel. 5353969
Europa Hinterzimmer, 7., Zollergasse 8; Tel. 5263383
Halle, 7., Museumsplatz 1/ MuseumsQuartier (MQ); Tel. 5237001
Hansen, 1., Wipplingerstraße 34; Tel. 5320542
Horvath, 5., Hamburger Straße 2; Tel. 5857300
Krah Krah, 1., Rabensteig 8; Tel. 5338193
Livingstone, 1., Zelinkagasse 4; Tel. 5333393
Lux, 7., Schrankgasse 4/Spittelberggasse 3; Tel. 5269491
MAK Café (im Museum für Angewandte Kunst); 1., Stubenring 5; Tel. 7140121
Palmenhaus im Burggarten, 1., Burggarten/Eingang Albertina, Tel. 5331033
Panigl, 8., Josefstädter Straße 91; Tel. 4065218
Planter's Club, 1., Zelinkagasse 4; Tel. 5333393-15
rhiz bar modern, 8., Lerchenfelder Gürtel/Bögen 37/38; Tel. 4092505
Salzamt, 1., Ruprechtsplatz 1; Tel. 5335332
Salz und Pfeffer, 6., Joanelligasse 8; Tel. 0664/4053335
Vorstadt, 16., Herbststraße 37; Tel. 4950198
WUK, 9., Währinger Straße 59; Tel. 40121-0

Bars, Diskotheken, Tanzlokale
Blaue Bar, Hotel Sacher, 1., Philharmonikerstraße 4; Tel. 51456-840
Broadway Piano-Bar, 1., Bauernmarkt 21; Tel. 0664/5874861
Club U im Otto-Wagner-Cafe, 1., Karlsplatz/Künstlerhauspassage; Tel. 5059904
Eden-Bar, 1., Liliengasse 2; Tel. 5127450
Flex, 1., Donaukanal/Augartenbrücke; Tel. 5337525

Jenseits Tanzcafé, 6., Nelkengasse 3; Tel. 5871233 + 0699/81964622

Kunsthalle Cafe, 4., Treitlstraße 2; Tel. 5869864

Porgy & Bess, 1., Riemergasse 11; Tel. 5128811

Schikaneder Bar, 4., Margaretenstraße 22-24; Tel. 5855888

Volksgarten, 1., Burgring 1; Tel. 5320907

Jazz, Live Musik

Jazzland, 1., Franz-Josefs-Kai 29; Tel. 5332575

Papa's Tapas, 4., Schwarzenbergplatz 10; Tel. 5050311

Kabarett

Akzent, 4., Theresianumgasse 18; Tel. 50165-3306

Freie Bühne Wieden, 4., Wiedner Hauptstraße 60b; Tel. 0664/3723272

Kabarett Niedermair, 8., Lenaugasse 1a; Tel. 4084492

Kabarett Simpl, 1., Wollzeile 36; Tel. 5124742

Kulisse, 17., Rosensteingasse 39; Tel. 4853870

Metropol, 17., Hernalser Hauptstraße 55; Tel. 4077740-7

Spektakel, 5., Hamburger Straße 14; Tel. 5870653

Stadnikow, 1., Biberstraße 2; Tel. 5125400

Vindobona, 20., Wallensteinplatz 6; Tel. 3324231 (Kartenvorbestellungen)

Kinos

Bellaria, 7., Museumstraße 3; Tel. 5237591

Burgkino, 1., Opernring 19; Tel. 5878406

Gartenbau, 1., Parkring 12; Tel. 5122354

Metro, 1., Johannesgasse 4; Tel. 5121803

Österreichisches Filmmuseum, 1., Augustinerstraße 1; Tel. 5337054

Stadtkino, 3., Schwarzenbergplatz 7; Tel. 7126276

Votiv, 9. Währinger Straße 12; Tel. 3173571

Konzerte

Konzerthaus, 3., Lothringer Straße 20; Tel. 242002. Tageskassa: Mo bis Fr 9-19.45, Sa 9-13 Uhr

Musikverein, 1., Bösendorferstraße 12; Tel. 5058190. Tageskassa: Mo bis Fr 9-20, Sa 9-13 Uhr

Oper, Theater

www.culturall.com (online Kartenverkauf für alle Bundestheater)

www.viennaclassic.com (online Kartenverkauf)

Die bedeutendsten der rund 50 Bühnen Wiens:

Akademietheater, 3., Lisztstraße 1; Tel. 51444-4140

Ateliertheater, 7., Burggasse 71; Tel. 5242245

Burgtheater, 1., Dr.-Karl-Lueger-Ring 2; Tel. 51444-40

Kammerspiele, 1., Rotenturmstraße 20; Tel. 42700

Raimundtheater, 6., Wallgasse 18; Tel. 59977-0

Ronacher, 1., Himmelpfortgasse 25; Tel. 51411

Schauspielhaus, 9., Porzellangasse 19; Tel. 3170101

Schönbrunner Schlosstheater, 13., Schloss Schönbrunn; Tel. 0664/1111600

Staatsoper, 1., Opernring 2; Tel. 51444-2250

Die Loggia der Staatsoper dient als Pausenraum

Theater an der Wien – das neue Opernhaus, 6., Linke Wienzeile 6; Tel. 58830-0

Theater in der Josefstadt, 8., Josefstädter Straße 26; Tel. 42700

Vienna's English Theatre, 8., Josefsgasse 12; Tel. 4021260

Volksoper, 9., Währinger Straße 78; Tel. 51444-3670

Volkstheater, 7., Neustiftgasse 1; Tel. 5233501

Wiener Kammeroper, 1., Fleischmarkt 24; Tel. 5120100

„Son-et-Lumière“

Im Park des Oberen Belvedere findet im Sommer diese Ton-Licht-Schau zur Geschichte des Schlosses statt (21.30 Uhr).

3., Oberes Belvedere, Prinz-Eugen-Straße 27; Tel. 79557-134

Städtische Büchereien

Hauptbücherei: 8., Skodagasse 22; Tel. 4000-13 und 4000-84500

Büchereistellen und weitere Büchereien siehe Telefonbuch.

Casino

1., Kärntner Straße 41; Tel. 5124836

Veranstaltungen im Jahreslauf

Veranstaltungskalender unter www.wien.info

Jänner

Neujahr: Neujahrskonzert der Wiener Philharmoniker im Musikvereinssaal; Beethovens 9. Symphonie mit den Wiener Symphonikern. Jägerball, Ball der Wiener Philharmoniker, Wiener Ärzteball, Blumenball; Resonanzen (Festival für alte Musik).

Februar

Maskenball am kaiserlichen Hof zu Wien, Künstlerball, Bonbonball, Ball der Magier, Juristenball usw. Krönung ist der Opernball am Donnerstag vor dem Faschingssonntag; Faschingsumzug; Wiener Tanzwochen (bis März); Wiener Eistraum (Publikumseislauf zu Musik am Rathausplatz, Ende Jänner bis Anfang März).

März

Haydn-Tage; Viennale Film-Festival, Hernalser Kalvarienberg-Markt, Wiener Frühjahrsmesse; Vorführungen der Spanischen Hofreitschule (März bis Juni).

April

Tage der sakralen Musik; Walzer- und Operettenkonzerte (April bis Oktober); OsterKlang Wien (Ostern); Frühlingsfestival (Konzerthaus oder Musikverein, April bis Anfang Mai).

Mai

Stadtfest; Vienna City Marathon; Wiener Festwochen im Konzerthaus, MuseumsQuartier Wien, Theater an der Wien und an vielen anderen Spielorten (Mai/Juni); Frühlingsfest im Prater.

Juni

Blumenkorso im Prater; Blasmusikfest; Concordia-Ball; Ball der Universität; Österreichisches Galopperderby in der Freudenau; Modeschau der Modeschule der Stadt Wien in Schloss Hetzendorf; „Klangbogen“ Wiener Musik-Sommer (Juni bis Mitte August); Donauinselfest (Ende Juni); VINOVA Internationale Weinmesse.

Juli

Jazz-Fest (Staatsoper, diverse Jazz -Clubs, Ende Juni bis Mitte Juli); Spectaculum; Internationales Jugendmusikfestival (Austria Center, Anfang Juli); Musikfilm-Festival auf dem Rathausplatz (Juli, August); Sommertheater (Juli, August);

Beim Opernball

Vienna City Marathon

Preis der Stadt Wien in der Freudenau (Galopprennen); ImPulsTanz (MuseumsQuartier Wien, Volkstheater und an vielen anderen Spielorten); KlangBogen Wien (Theater an der Wien, Musikverein und an vielen anderen Spielorten, Juli bis August)

August
Praterrummel

September
Wiener Herbstmesse; Spanische Hofreitschule (Vorführungen bis Dezember); Prater-Volksfest; Poschacher Gedenkrennen (Trabrennverein Krieau); Messen mit den Wiener Sängerknaben (Sept. bis Juni)

Oktober
Image, Tanz im Künstlerhaus (1. bis 26.); Fitmärsche am Nationalfeiertag (26.); Wien Modern, Festival der Musik des 20. Jahrhunderts im Konzerthaus (bis Anfang Dezember); Graf Kálmán Hunyady-Gedenkrennen (Trabrennverein Krieau); Österreichische Buchwoche im Rathaus; Viennale Filmfestival; Jeunesse-Festival.

November
Schubertiade; Antiquitätenmesse; Antiquitätenschau im Kursalon; Fest der Pferde, Internationales Reit- und Springturnier in der Stadthalle; Krippenschau in der Peterskirche und Weihnachtsausstellung im Rathaus (Mitte Nov. bis 24. Dez.); Champagnerball in der Hofburg.

Dezember
Christkindlmarkt am Rathausplatz; Altwiener Christkindlmarkt auf der Freyung; Weihnachtsmarkt am Spittelberg; Mozart-Festival im Konzerthaus; Internationales Hallenfußballturnier in der Stadthalle; 31. Dez.: Kaiserball in der Hofburg, Silvesterkonzert der Wiener Philharmoniker im Musikverein, Silvesteraufführung der „Fledermaus“ in der Staatsoper, Silvesterfeier am Stephansplatz.

Donauinselfest

SPORT

Information über alle gängigen Sportarten, Sportplätze, Geräteverleih bei: wien Xtra-Jugendinfo, 1., Babenbergerstraße 1, Tel. 1799. Mo bis Sa 12-19 Uhr.
Weiters ist die Magistratsabteilung (MA) 51, Meiereistraße 2, Tel. 4000-51, für Sportangelegenheiten zuständig.

Eislaufen

Brigittenauer Sporthalle, 20., Hopsagasse 3; Tel. 3305295

Eisring Süd, 10., Windtenstraße 2; Tel. 604444320

Kunsteisbahn Donauparkhalle, 22., Wagramer Straße 1

Kunsteisbahn Engelmann, 17., Syringgasse 6-8; Tel. 4051425

Wiener Eislaufverein, 3., Lothringerstraße 22; Tel. 7136353

Wiener Stadthalle, Halle C, 15., Vogelweidplatz 14; Tel. 98100-0

Fitnesscenter

Fitness im MBC Sport- und Erholungspark Am Wiener Berg, 10., Gutheil-Schoder-Gasse 7; Tel. 66123

Fitness in der Sportarena, 22., Bernouillistraße 7; Tel. 2023400

Fitness in der Sportcenter Top Ten, 21., Jedlersdorfer Straße 94; Tel. 2924040

Fitness-Studio Olympia, Schwechat, Himberger Straße 11; Tel. 7072690 +7069994

Fitness-Center Donaupark, 22., Arbeiterstrandbadstraße 122; Tel. 2633450

City Fitness, 7., Kaiserstraße 43; Tel. 5262000

Fußball

Ernst-Happel-Stadion, Prater, 2., Meiereistraße 7; Tel. 7280854

Auskunft: Österr. Fußballbund (ÖFB), 2., Meiereistraße 7; Tel. 72718-0

Golf

Golf Club Schönfeld, 2., Obere Donaustraße 97/Stiege 1; Tel. 2161320

Golfclub Am Wienerberg, 1., Gutheil-Schoder-Gasse 7; Tel. 66123-7000

Golf Club Wien, 2., Freudenau 65a; Tel. 7289564

Golf Club 2000 Sportanlagen, 2.; Krieau, Tel. 7260560

Auskunft: Österr. Golfverband, Haus des Sports, 4., Prinz-Eugen-Straße 12; Tel. 5053245

Pferdesport

Rennbahnen

Freudenau (Wiener Galopp-Rennverein), 2., Freudenau 65, Rennbahnstraße; Tel. 7289531

Krieau (Wiener Trabrenn-Verein), 2., Nordportalstraße 247; Tel. 7280046-0

Reiten
Auskunft: Landesfachverband für Reiten und Fahren,
1., Hofburg, Batthyánystiege;
Tel. 5337046

Reitzentren

Reitclub Donauhof,
2., Hafenzufahrtstraße 63

Reitclub Donaustadt,
22., Campingplatzweg/Parz. 247

Reit- und Fahrclub Tarpan,
22., Stadelbreitengasse

Reitschule Freudenau,
2., Freudenau 555

Reitclub Prater,
2., Dammhaufen 62

Reitzentrum Wien-Nord,
22., Zwerchäckerweg 28

Reitsportzentrum, Sportunion
22., Weingartenallee 18

Wiener Reitinstitut,
3., Barmherzigengasse 17

Rudern
Auskunft: Wiener Ruderverband,
22., An der Oberen Alten Donau;
Tel. 2034879

Schwimmen
Öffnungszeiten der Bäder erfahren Sie bei der Städtischen Bäderverwaltung, 10., Reumannplatz 23, Tel. 60112-8044

Im Stadtgebiet gibt es zahlreiche **Hallenbäder** (teilweise auch Freibäder), die ganzjährig geöffnet sind:

Amalienbad (restauriertes Jugendstilbad), 10., Reumannplatz 23

Dianabad, 2., Lilienbrunnergasse

Hallenbad Floridsdorf,
21., Franklinstr. 22

Hallenbad/Freibad Döbling,
19., Geweygasse 6

Hallenbad/Freibad Donaustadt,
22., Portnergasse 38

Hallenbad/Freibad Großfeldsiedlung,
21., Oswald-Redlich-Straße 44

Hallenbad/Freibad Hietzing,
13., Atzgersdorfer Str. 14

Hallenbad/Freibad Ottakring,
16., Johann-Staud-Str. 11

Hallenbad/Freibad Simmering,
11., Florian-Hedorfer-Str. 5

Jörgerbad, 17., Jörgerstr. 42-44

Schwimmbad Pratersauna,
2., Waldsteingartenstr. 135

Sieveringer Bad,
19., Sieveringer Str. 267

Theresienbad,
12., Hufelandgasse 3

Thermalbad/Freiluftbad Oberlaa,
10., Kurbadstr. 14

Hinzu kommen die **Sommerbäder und Strandbäder,** die meist von Anfang Mai bis Mitte September geöffnet sind:

Bundesbad Schönbrunn,
13., Schönbrunner Schlosspark

Bundessportbad Alte Donau,
22., Arbeiterstrandbadstr. 93

Höpflerbad, 23., Atzgersdorf,
Endresstr. 24-26

Kongressbad,
16., Julius-Meinl-Gasse 7a

Krapfenwaldlbad,
19., Krapfenwaldgasse 65-73

Laaer-Berg-Bad,
10., Ludwig-von-Höhnel-Gasse 2

Liesinger Bad,
23., Perchtoldsdorfer Str. 14-16

Neuwaldegger Bad,
17., Promenadengasse 58

Rodauner Bad, 23., An der Au 2

Satzbergbad, 14., Am Satzberg

Schafbergbad,
18., Josef-Redl-Gasse 2

Sommerbad Baumgarten,
14., Hackinger Str. 26a

Sommerbad Hadersdorf-Weidlingau, 14., Hauptstr. 41

Stadionbad, 2., Prater, Hauptallee/Meiereistraße

Strandbad Alte Donau, 22., Arbeiterstrandbadstr. 91

Strandbad Angelibad, 21., An der Oberen Alten Donau

Strandbad Gänsehäufel, 22., Moissigasse 21

Strandbad Stadlau, 22., Am Mühlwasser

Strandbad Straßenbahnerbad, 22., Am Dampfschiffhaufen 189

Auch viele **Wildbadeplätze** gibt's, mitten in der Großstadt Wien, an der Alten Donau und Neuen Donau (Donauinsel, Lobau): z. B. beim Angelibad, beim Kaiserwasser (Wagramer Straße), gegenüber vom Strandbad Gänsehäufel (Industriestraße), an der Panozzalacke/Lobau (Raffineriestraße) sowie am Mühlwasser und am Donau-Oder-Kanal.

Segeln, Surfen

Wiener Yachtclub, 21., An der oberen Alten Donau 92, Tel. 2786385

Segelzentrum Neue Donau, Donauinsel

Auskunft: Landes-Segelverband für Wien, 21., Morelligasse 1/8 Tel. 2705136

Tennis

Auskunft: Wiener Tennisverband, 2., Wehlistraße 320; Tel. 7262626-0

EINKAUFEN

Rund um den Stephansdom, in der Fußgängerzone mit Rotenturmstraße, Kärntner Straße, Graben und Kohlmarkt liegen die elegantesten und exklusivsten Geschäfte der Stadt: Juweliere, Antiquitäten- und Kunsthändler, Designer-Boutiquen. Beliebt und nicht so teuer – auch Kaufhäuser stehen hier zur Auswahl – sind Geschäfte in der Mariahilfer Straße, Landstraßer Hauptstraße oder Favoritenstraße.

Große Einkaufszentren befinden sich am Stadtrand, wie die Shopping City Süd (SCS) in Vösendorf, das Donauzentrum im 22. Bezirk und das Shopping Center Nord im 21. Bezirk.

Öffnungszeiten: Montag bis Samstag

Mehrwertsteuerrückvergütung: Als ausländischer Gast (außer EU) erhalten Sie bei bzw. nach Ihrer Ausreise aus Österreich die entrichtete Mehrwertsteuer zurück. Fragen Sie beim Einkauf nach!

Märkte

Obst, Gemüse, Lebensmittel

Brunnenmarkt, 16., Brunnengasse

★ Naschmarkt, 6., Linke Wienzeile

Rochusmarkt, 3., Landstraßer Hauptstraße/Salmgasse

Andere Märkte

Altwiener Christkindlmarkt, 1., Freyung; Mitte Nov. bis 24. 12., tägl. 10-19 Uhr

Antiquitätenmarkt, 1., Freyung; Okt. bis Nov., Fr bis Sa 10-20 Uhr

Bauernmarkt, 1., Freyung; März bis Ende Okt., Di und Do 10-18.30 Uhr

Christkindlmarkt, 1., Rathausplatz, Mitte Nov. bis 24. 12., tägl. 10-18.30 Uhr

Flohmarkt, 6., Wienzeile; jeden Samstag 9-18 Uhr (außer Ftg)
Markt auf dem Spittelberg, 7., Spittelberg; jeden Samstag (außer Ftg) von Ostern bis Nov. 10-18 Uhr. Weihnachtsmarkt im Dezember, tägl. geöffnet.
Kunst- und Handwerksmarkt im Heiligenkreuzer Hof, 1., Schönlaterngasse; jedes erste Wochenende im Monat, 10-18 Uhr. Weihnachtsmarkt im Dezember, jeden Sa und So
Kunst- und Antikmarkt, Donaukanalpromenade/Altstadt; Mai bis Sept., Sa 14-20, So 10-20 Uhr

Was kauft man in Wien ein, was ist typisch für Wien/Österreich?

Confiserie und Patisserie

Altmann & Kühne, Graben 30 (Konfekt); Oberlaaer Stadthaus, Neuer Markt 16 (Konditoreiwaren); Sacherstube, Verkaufslokal Kärntner Straße 38 (Sachertorte); Demel, Kohlmarkt.

Kunsthandwerk

Die nach handwerklicher Tradition hergestellten Erzeugnisse werden wegen ihrer Schönheit und Qualität sehr geschätzt. Das sind besonders Glas- und Kristallwaren, Porzellanwaren, Swarovski-Produkte, Kunstkeramiken, Email- und Schmiedeeisenarbeiten, Lederwaren, Silber- und Goldschmiedearbeiten, handgefertigte Puppen.
Glaswaren: Lobmeyr, 1., Kärntner Straße 26
Juweliere: Sven Boltenstern, 13., Schließmanngasse 17; Cäsar Juwelen, 1., Graben 26; Heldwein, 1., Graben 13; A. E. Köchert, 1., Neuer Markt 15; Schullin & Söhne, 1., Kohlmarkt 7
Petit-Point-Stickerei: Maria Stransky, 1., Hofburg-Passage 2

Kunst- und Antiquitätenhandel

Läden, Galerien, Märkte, Dorotheum: Versteigerungen, 1., Dorotheergasse 17, Tel. 51560-200

Wiener Mode

Ein Begriff für Eleganz und Chic sind die Wiener Modellhäuser der Haute Couture, wie auch die Blusen- und Strickwarenerzeugung. Begehrt sind Modelle der Wiener

Schuh- und Handschuherzeuger, der Kürschner, Taschner und Modistinnen. Die Trachten- und Lodenmode findet international großen Anklang.

Loden- und Trachtenmode: Resi Hammerer, 1., Kärntner Straße 29-31; Loden Plankl, 1., Michaelerplatz 6; Tostmann, 1., Schottengasse 3a; Niederösterreichisches Heimatwerk, 1., Herrengasse 6
Maßschuhe: Georg Materna, 1., Mahlerstraße 5; Rudolf Scheer, 1., Bräunergasse 4

Souvenirs aus Österreich
Österreichische Werkstätten, 1., Kärntner Straße 6

FÜR DEN NOTFALL

NOTRUFNUMMERN

Ärzteflugambulanz Wien (0-24 Uhr)	**40144**
Ärztenotdienst (0-24 Uhr)	**141**
Ärztezentrale	**53116**
Ambulanzflugdienst (0-24 Uhr)	**6160121**
Bergrettungsdienst	**140**
Euronotruf	**112**
Feuerwehr	**122**
Pannenhilfe (0-24 Uhr)	
ARBÖ	**123**
ÖAMTC	**120**
Polizei	**133**
Rettung/Notarzt	**144**
Rotes Kreuz	**144**
Telefonseelsorge	**142**
Vergiftungs-Informationszentrale	**4064343**
Zahnärztliche Auskünfte (nachts und feiertags)	**5122078**

Apotheken
Öffnungszeiten: Montag bis Samstag. Nachtdienst ist an den einzelnen Apotheken ausgewiesen.
Apothekenbereitschaftsdienst: Tel. 1550

Banken und Wechselstuben
Mo bis Fr 8-15, Do 8-17.30 geöffnet (Filialen 12.30-13.30 geschlossen)

Täglich geöffnet:
Westbahnhof (7-22 Uhr), Südbahnhof (Mai bis Okt. 6.30-22, Nov. bis April 6.30-21 Uhr), City Air Terminal (Mo bis Fr 9-13, 13.30-18, Sa, So 9-13, 13.30-15 Uhr), Flughafen

(Ankunft 8.30-23.30, Abflug 6-21 Uhr), Hauptpostamt (0-24 Uhr, europäische Währungen und US-Dollar, Kanad. Dollar, Yen), Österr. Verkehrsbüro/Opernpassage (April bis Okt. tägl. 9-19, Nov. bis März Mo-Sa, Ftg 9-18, So 9-14 Uhr) Geldwechselautomaten: Stephansplatz 2, Kärntner Straße 32, 43, 51, Graben 21, Michaelerplatz 3, Opern-passage 8, Tegetthoffstraße 7, Schottenring 1, Franz-Josefs-Kai 21, Schloss Schönbrunn (Wechselstube)

Fundsachen
Zentrales Fundamt:
9., Wasagasse 22;
Mo bis Fr 8-12 Uhr; Tel. 31344-0

Fundsachen aus den Wiener Linien (Straßenbahn/Bus/U-Bahn):
3., Erdbergstraße 202;
Tel. 7909-188

Zentralsammelstelle der ÖBB: 15., Langauergasse 2, Westbahnhof;
Mo bis Fr 8-15 Uhr;
Tel. 93000-22222

Konsulate und Botschaften
Belgien: 4., Wohllebengasse 6;
Tel. 50207

Deutschland: 3., Metternichgasse 3; Tel. 71154-0, Fax 7138366

Frankreich: 1., Wipplingerstraße 24-26; Tel. 50275-200

Großbritannien: 3., Jauresgasse 12;
Tel. 71613

Italien: 3., Ungargasse 43;
Tel. 7135671

Niederlande: 1., Opernring 5;
Tel. 58939

Schweiz: 3., Prinz-Eugen-Straße 7;
Tel. 79505-0

USA: 1., Gartenbaupromenade 2;
Tel. 31339

Weitere siehe Wiener Telefonbuch unter „Botschaften" und „Konsulate".

Polizei
Bundespolizeidirektion Wien, 1., Schottenring 7-9; Tel. 31310-0

Bundespolizeikommissariat 1., Innere Stadt, Deutschmeisterplatz 3;
Tel. 313100

Postämter – Post AG
Postleitzahlen von 1010 (1. Bezirk) bis 1230 (23. Bezirk)
Täglich rund um die Uhr geöffnet sind:
Hauptpostamt (1010):
1., Fleischmarkt 19;
Tel. 0577677-1010
Postamt Westbahnhof (1150):
15., Gasgasse 4-6;
Tel. 0577677-1150
Postamt Südbahnhof (1103):
10., Wiedener Gürtel 1a;
Tel. 0577677-1103
Postamt Franz-Josefs-Bahnhof (1090): 9., Althanstraße 10;
Tel. 0577677-1090
Die **Bezirkspostämter** sind im Wiener Telefonbuch angeführt.

Telefon
Vorwahl für Wien: 01
Vorwahl für Österreich: 0043
Bei Gesprächen aus dem Ausland nach Österreich wird die Null am Anfang der Ortsvorwahl weggelassen, innerhalb von Österreich aber mitgewählt.

Vorwahl von Wien nach
Deutschland 0049
Italien 0039
Schweiz 0041
Frankreich 0033
USA 001

Auskunft für Telefonnummern
(kostenpflichtig!)
Österreich, EU und Nachbarstaaten 118877
Weltweit 0900/118877

Alle Angaben ohne Gewähr!

Orts- und Sachregister

WELCOME TO VIENNAS FIRST SHOPPINGCENTER